Trino Z. Sandoval

Cuando la noche se nos viene encima

ILCSA
ediciones

CUANDO LA NOCHE SE NOS VIENE ENCIMA
Trino Z. Sandoval

Coordinación editorial
Raúl Pérez Rojas

Diseño editorial
Ilse Talamantes

Primera impresión: junio de 2015
3ra edición

Ediciones ILCSA S.A. de C.V.
Calzada Tecnológico 909, Otay Universidad,
Tijuana. B. C., México.
edicionesilcsa@hotmail.com
Tel: (664) 607—1992
Miembro de la Cámara Nacional de la Industria
Editorial, Registro No. 3195

Las características gráficas y tipográficas de esta edición
son propiedad de Ediciones ILCSA S.A. de C.V.

Impreso en México / Printed in Mexico

Trino Z. Sandoval

Cuando la noche se nos viene encima

Índice

1. EL Chafre, Mich. (México)..................11
2. La Abuela, Mich. (México)................29
3. Aquila, Mich. (México)......................39
4. Manzanillo, Col. (México).................49
5. Colima, Col. (México).......................55
6. London, CA (USA)..........................67
7. Eugene, OR (USA)..........................71
8. Dillingham, Alaska (USA)................77
9. Yakima, WA (USA)..........................83

Introducción

La muerte de su padre en un remoto rancho de Michoacán, fue el detonante para que el personaje saliera desde los 13 años a buscar un nuevo destino enfocado en el estudio. Sin importar las barreras del tiempo, la distancia y las limitaciones económicas, ahora puede presumir de ser un profesional que ayuda a la comunidad migrante dentro de Los Estados Unidos.

La historia tiene pasajes de suspenso, drama, comedia y momentos de gloria. Está narrada en un lenguaje sencillo y campirano, haciendo honor al pueblo campesino de donde él proviene.

1
EL CHAFRE, MICH. (MEX)

—¡Permiso maestra! –se escuchó la hueca y carrasposa voz de una mujer. Con mucho cuidado y como si no quisiera interrumpirnos, empujó la vieja puerta de madera. En esta escuela todo parecía estar viejo. Ya llevaba así muchos años y no había ni poquitas esperanzas de un arreglo. Saltaba a la vista que este lugar se estaba cayendo a pedazos poco a poco. Hasta asomaba el adobe pelado por todos lados. Las tejas estaban todas retorcidas y mal acomodadas.

De la misma forma nos sentíamos nosotros. Estábamos tan apretados allí adentro que por ratos parecía que nos faltaba el aire para respirar. Y como no si estábamos amontonados los del rancho La Piña, los de El Chafrillo, los de La Coyulera y los de La Abuela. La Abuela es por cierto el rancho donde yo nací. Sé que el nombrecito está como para rascarte la cabeza. Pero así se llamaba el lugar. Aquí el detalle es que no existía otro sitio para ir a cultivarse más que en El Chafre. Esta era la ranchería donde ahora estábamos.

—Diga usted qué se le ofrece –respondió la maestra, al tiempo que volteó hacia la puerta y dejó de escribir en el pizarrón. Luego se sacudió el polvo del gis blanco de sus manos y lo escupió porque también se le metió en la boca y la nariz. De ahí se encaminó dos pasos al frente para poder escuchar mejor a esa persona.

La mujer que habló nunca se movió de la entrada.

Intentó decir algo, pero las palabras no le salían. Parecía que se atragantaba o que tenía la lengua hecha bolas.

Así pasaron unos tensos segundos en total silencio. Hasta tiempo hubo para percibir el olor que dejan los lápices cuando recién les sacas punta. Cuando la punta del lápiz queda bien finita entonces sí dan ganas de escribir. ¿A poco no?

Y seguíamos esperando con los ojos bien abiertos, pero no pasaba nada. Llenos de curiosidad, mirábamos hacia la puerta esperando escuchar algo más. Tenía que ser un asunto muy importante, porque nadie se paraba por ahí, ni siquiera cuando de vez en cuando le hacíamos los honores a la bandera.

La mujer pareció tomar un buche de aire y mientras me miraba fijamente dijo:

—Muchacho, vete rápido para tu casa porque Abigay se puso malo— Mi papá se llamaba Abigail pero todos siempre le llamaron Abigay. No entiendo por qué, pero siempre fue así. Debe haber sido cosa de la costumbre. De ahí el silencio se hizo más largo porque nadie respondió nada. Sólo nos mirábamos unos a otros con caras de miedo. Al vernos a todos mudos, la mujer habló de nuevo. Nada más que esta vez se me arrimó más cortito.

—¡Que te vayas de inmediato para tu casa porque tu papá se murió!–. Para ese entonces ya había reconocido a la mujer que estaba hablando. La reconocí por la voz y luego porque la luz que entraba por la puerta abierta me dejó verle la cara. Era una cara marchita, arrugada y hasta le hacían falta unos dientes.

Era La Palapa. Así la apodaban en los alrededores porque era una mujer alta y flaca. Su pelo despeinado y chirrio¹ parecía querer huir pa' todos lados, así como las palapas de una palma de coco. Por eso la llamaban así.

Cuando ella terminó de hablar, todos en la clase voltearon a verme. Bola de chismosos –pensé yo. De segurito querían adivinar mis pensamientos. Estaban bien atentos pa' ver cuál iba ser mi reacción, pero no hubo ninguna. Pa' empezar ni siquiera creí lo que la mujer había dicho. Al instante me vinieron a la mente los desacuerdos que había entre la familia de La Palapa y la mía. Eran de mucho tiempo atrás; desde la época de los abuelos. Se rumoraba que hacía tiempo ellos les habían robado algunos puercos y gallinas a mis abuelos. Creo que hasta unas vacas caminaron también.

A mí esa gente nunca me robó nada, pero desde entonces nunca les tuve fe. Estoy seguro que a ellos les pasó lo mismo pa' con nosotros. Nos deben haber tenido harta tirria. Por eso es que ahora se la querían cobrar diciéndome una mentira así de grande.

La Palapa así como llegó se fue. Ni siquiera cerró la puerta y tampoco se despidió de nadie. ¡Qué falta de educación! Le hubiera hecho bien quedarse un ratito en esta escuela para educarse un poco. Los buenos modales nunca están de sobra.

La vi alejarse con pasos lentos. Su figura encorvada casi tropezó con las raíces salidas de ese árbol que estaba pegadito a la escuela. Era un viejo árbol de primavera² que de repente se llenaba de flores amarillas después de las aguas. Se veía muy bonito. Daba figura como uno de esos paisajes que se ven en los libros.

Lo cierto es que después de recibir semejante noticia ya ni me pude concentrar en las letras. Me vine a dar

1 Pelo lacio.
2 Árbol de la región.

cuenta de lo tarde que era cuando quise agarrar camino pa' mi casa. Faltaba muy poco para oscurecer. Lo que pasa es que a mis primos y a mí nos tocaba ir a la escuela por la tarde. Tú sabes, por esas cosas que tiene que hacer uno cuando es campesino. Primero que el cuidado de los animales, luego que el cultivo, y hasta el último la escuela.

En ese mismo orden debían ser las cosas. Eso nos dijeron siempre nuestros padres. En sus tiempos creo que a ellos les dijeron lo mismo también. Si aprendías a escribir tu nombre y a contar los números, con eso ya era bueno. De ahí pa' adelante nomás te dedicabas en cuerpo y alma al cultivo del maíz.

Miré pa' donde se oculta el sol pero ya se había metido. Entonces empecé a caminar despacio. Pasando la última casa de El Chafre se descuelga el camino hasta llegar a un arroyito. Al pasar sentías lo húmedo del suelo. Eso hacía crecer un manchón de colomos[3] a los dos lados de la vereda. Siempre estaban verdes y hasta podías sentir la brisa del agua porque hay una pequeña cascada.

Todo eso lo tengo muy presente porque todos los días parábamos en ese lugar antes de llegar a la escuela. Ahí nos lavábamos las corvas de los pies ya que era donde más se nos pegaba el polvo del camino. Aparte, nos echábamos agua en la frente para refrescar la memoria. Según nuestros padres así era más fácil aprender y no lo recalcaban todos los días.

Lo fresco del lugar me quitó la pesadumbre que sentía. Pero luego me entró una prisa muy rara. Sentí una fuerza extraña que me empujaba pa' adelante, por eso empecé a mover los pies cada vez más rápido. Pasé

---

3 Planta que crece en lo húmedo de los arroyos.

por ese lugar conocido como El Mangal con pasos muy ligeros. De allí en adelante el camino zigzagueaba de un lado para el otro. Subía un cerro y de repente bajaba otro. Atravesaba por media vereda y empezaba a subir otro cerro más. Luego bajaba otra vez. Así era el recorrido de mi casa a la escuela, puro subir y bajar.

El apuro que me agarró me hacía sentir como que flotaba en el aire. Estaba desorientado y no escuchaba cuando mis huaraches chocaban contra lo duro del camino. Tampoco escuché los pájaros ni las chachalacas del campo como las otras veces. Más bien, parecía que estaba pasando por un túnel sin fin y que no existía nada más a mí alrededor. Todo se miraba borroso.

Después corrí sin parar con zancadas bien largas. No me di cuenta las veces que tropecé en el camino mientras corría. Solo sentía una apretazón en el pecho como cuando no se puede respirar. Mi mente estaba desconectada del mundo, porque nunca sentí a qué altura del camino me alcanzaron mis primos.

Dicen que venían casi pisándome los talones, pero nunca los vi, ni los escuché. Todo era muy extraño. Tan extraña era la cosa que tampoco escuché ladrar los perros cuando llegué a la casa. Yo siempre los escuchaba. Eran cinco. Esos perros le ladraban hasta su misma sombra.

Cuando llegué el lugar estaba todo solo. No había nadie en casa. No había nadie en ningún lado. Eso nunca fue así antes. El silencio era tan canijo que me empezó a entrar el susto. No sabía qué hacer. Y es que cuando tienes 12 años nunca te dicen qué hacer en un caso de estos.

—Se lo llevaron –escuché que decía una voz–Se lo llevaron pa' Aquila. Iba muy mal. Era mi cuñada que me vio llegar. Se veía pálida. Ella era de piel muy clarita, pero no de esa forma. Estaba casi transparente. Se había encerrado en su cuarto porque sintió ese miedo del que te digo. A lueguito llegaron dos de mis sobrinas y detrás de ellas venía su mamá que también se veía angustiada. Al parecer estaban huyéndole al miedo, por eso es que no las vi en un principio.

—Ya fueron por una bestia –dijo una de ellas–. En cuanto la ensillemos nos vamos todos pa' Aquila. Abrumado por los acontecimientos y la carrera que di, cualquier idea era buena. Cuando el caballo estuvo listo nos descolgamos camino abajo con mucha urgencia. Con suerte llegaríamos en dos horas. Pero como ya estaba oscureciendo, puede que fuera más tiempo. Así que echamos por delante el animal a propósito.

Luego lo seguimos en fila por que el camino era muy angosto. En poco tiempo nos metimos en lo hondo del barranco. Donde los altos cerros del camino, junto con los árboles, nos robaron la poca luz del día que quedaba. Con decirte que ni las estrellas mirabas cuando volteabas pa' arriba.

Pero un poco de oscuridad no asusta a nadie. Así que seguimos caminando en lo negro de la noche. Nadie hablaba. Solo seguíamos al caballo que iba delante de nosotros. Podíamos escuchar atentos como las pezuñas del animal chocaban contra las piedras del camino. Nosotros alzábamos la pisada más alta para evitar tropezar con ellas también. Teníamos que adivinar dónde poner el pie para no caernos.

Los voladeros del barranco, a la altura de La Guácima, eran muy altos. Por la hora que era ya no alcanzábamos a ver el fondo, pero por el ruido del arroyo le tanteábamos la caída. Por suerte casi nos habíamos memorizado ese camino porque otras veces ya lo habíamos caminado de noche. Lo malo es que siempre fue al revés, del pueblo hacia el rancho.

Por momentos nos despreocupamos por el caballo, porque ellos pueden ver de noche sin ningún problema. Por eso es que lo seguíamos de cerca. Pero ya en lo plano del camino si aceleramos el paso. Nos urgía saber la suerte de mi papá. Además a eso de viajar cubierto por el manto de la noche no le veía el chiste.

Sin decir palabra avanzábamos con trote ligerito. A la altura de Los Tenamastes era casi la mitad del camino. Por ahí empezamos a escuchar los cascos de un caballo que no era el nuestro. Venía en dirección de nosotros. Se escuchaba el rechinar de la silla de montar y el tilín, tilín de las espuelas del jinete.

Por todos esos ruidos sabíamos que ya estaba bien cerca. Así que nos hicimos a un lado del camino para dejarlo pasar. Solo veíamos un bulto negro que estaba caminando por enfrente de nosotros.

—Buenas noches –dijo él.

—Buenas noches –respondimos nosotros.

El bulto insistió

—¿Por qué andan tan noche? ¿Pos cuál es el apuro? Todo mundo sabía que no era normal el ir de noche pa' el pueblo a menos que fuera una emergencia.

—¡Ha! buenas noches José– Lo reconoció mi tía. Él era José Espíndola del rancho El Cabecito. Es que allá por nuestros rumbos todos nos conocíamos. No importaba de que rancho eras.

— ¿Entonces van pa' Aquila por lo de mi tío Abigay?

—Sí, a eso vamos.
¡Pos' les quiero dar mis condolencias!
—Entonces... –quiso decir mi tía.
—Sí... lo siento mucho –bueno, hay que seguirle antes de que se haga más noche–. Y José siguió su camino.

Ninguno de nosotros dijo nada otra vez. Hasta parecía que eso ya se nos estaba haciendo costumbre. Ahí me quiso dar el sentimiento pero no me salió ningún gemido. Nada más sentía un nudo apretado en la garganta que no me dejaba pasar saliva. Por ratos se me dificultaba la respiración y sentía la boca toda reseca.

Y de nuevo sentía que flotaba. No sentía cuando daba mis propios pasos ni escuchaba las pisadas del caballo tampoco. Solo sentía la cara caliente y había un zumbido extraño en mis oídos. Es como cuando alguien te aprieta con fuerza las orejas para que no escuches nada. Ese zumbido es largo y fino. Taladra lo más profundo de tus sentidos. La única forma de pararlo es sacudiendo la cabeza y cambiando los pensamientos.

Pero brincar de un pensamiento a otro no era cosa de juego. Por esa razón no me di cuenta de lo que pasó en el resto de la caminata. Me despabilé un poco una vez que llegamos al pueblo, eso nomás porque había que decidir por dónde llegar a nuestra casa. Había un camino parejo que te permitía cruzar por en medio del caserío. Por lo menos esa área estaba alumbrada y las calles estaban empedradas.

De otra forma había que cortar camino por una subida empinada que teníamos a un lado. Solo había que torear la oscuridad otro rato y teníamos que estar alerta de los perros del pueblo. Esos perros sí que eran bravos y te gritaban tan fuerte que sentías el aliento caliente que les sale del hocico cuando ladran. Con esas precauciones y con los ojos bien abiertos echamos camino arriba.

Subimos a lo parejo y caminamos hasta el final de la calle. Por fin habíamos llegado. Pero a mí se vino un escalofrío cuando vi el panorama al entrar a nuestra casa del pueblo. En las piedras del cerco estaban un grupo de hombres sentados. Otros más descansaban en troncos de madera acomodados para la ocasión. Todos bebían café con alcohol de caña. Ese era el trago que se acostumbraba en los velorios por estas regiones. De mi parte no hubo tiempo para saludos porque pasé como tromba frente a ellos.

Me fui derechito a la habitación donde estaba mi padre. El cajón donde su cuerpo descansaba era café con barbitas blancas en todo alrededor. Las veladoras iluminaban todo el cuarto y olía a cera quemada. Me imagino que por eso el lugar se sentía tan caliente y sofocado. Las mujeres que rezaban el rosario guardaron silencio en cuanto me vieron entrar.
Casi tropezando mi madre corrió a mi encuentro.

—Se nos murió tu papito –me dijo mientras me abrazaba. Ahí mismo me agarró la lloradera junto con ella. Mis ojos se exprimieron hasta que ya no les salió más agua. Fue como cuando llega una tormenta pasajera. Deja caer el aguacero y luego se va. Así es como saqué ese sentimiento que traía atorado desde hacía ya rato.

En cuanto recuperé el habla me eché un respiro bien profundo. Eso me dio fuerza para acercarme más.

—Dale un beso en la frente –me ordenó mi madre. Yo obedecí. Y lo miré. Parecía estar dormido. Nunca lo había visto así de quieto. Creo que en vida nunca encontró un momento de sosiego, porque él trabajaba de sol a sol. Empezaba sus jornadas muy temprano por las mañanas y regresaba siempre ya entrada la tarde. El pañuelo rojo que antes secaba el sudor de su frente, ahora lo tenía atado a su cabeza y su cara. En su rostro no se veía ninguna prisa. Tampoco se le veía ninguna preocupación.

Salí de ese cuarto pa' que me diera un poco de aire fresco. Entré de nuevo. Luego salí para enseguida regresar otra vez. Entrar y salir de ese cuarto fue el cuento por dos días enteros. Esperaba que en una de esas yo pudiera despertar. Era una pesadilla. Tenía que ser así. Mis pies no tocaban el piso, otra vez. Por lo menos eso era lo que yo sentía cada vez que me acordaba de lo que estaba pasando. ¡Qué ironía! Mi padre muerto. Descansaba en esa casa que apenas había construido solo días atrás. Vaya forma de estrenarla. Con sus propios pies mezcló el lodo para hacer el adobe, construyó la casa con sus propias manos, y ahora las cosas estaban de ese tamaño.

—A tu padre le dio un ataque al corazón –dijo mi madre. —De pronto lo escuche gritar de dolor. Como pudo llegó hasta el cuarto pidiendo el auxilio de la virgen de Guadalupe. Se arrodilló frente a ella y le pidió alivio. Su voz estaba ya muy débil, creo que ella ya no lo alcanzó a escuchar. Encima de eso se perdió mucho tiempo buscando una bestia para llevarlo a curar. Aún estaba con vida cuando lo montaron al caballo. Tu hermano Toño lo sostenía mientras agarraban camino al pueblo.

Todavía avanzaron una buena distancia cruzando los cerros que están enfrente del rancho. Tu papá volteaba muy seguido pa' donde se estaba quedando la casa. Parecía despedirse de ella y de todo lo que estaba dejando allá atrás. Bostezaba una y otra vez como cuando uno tiene mucho sueño. Luego su cuerpo se volvió suave. Se quedó quieto.

Con razón ese día comenzó tan diferente a otros. Por la madrugada se escuchó el chillido de esa ave que anuncia cuando algo malo está por suceder. La conocíamos como El Pichichi[4]. Si lo escuchabas había que rezar para que la desgracia no cayera cerca de la familia. Pero esta vez los rezos no sirvieron de mucho. Luego el cielo amaneció encapotado, como cuando quiere llover. Negros nubarrones cubrían el horizonte de lado a lado, dando un aspecto medio tenebroso. Yo sentía ese vacío en el estómago desde muy temprano y me duró todo el día. Hasta el aire que se respiraba era grueso y daba trabajo acomodarlo en los pulmones. Era un mal presentimiento. Hasta ahora entendía el porqué.

Y yo entraba y salía en ese cuarto lleno de mujeres vestidas de negro. Cuando me cansaba de hacer lo mismo, me echaba a caminar por las calles del pueblo. Trataba de ocupar mi mente en otras cosas. Y en una de esas tantas vueltas que di, regresé y ya no estaban donde los había dejado. Angustiado me asomé por donde creí que la gente podía estar. Para mi gran alivio los divisé allá a la distancia. Todos caminaban en fila. En procesión seguían el cuerpo de mi padre rumbo al camposanto. El grupo de gente que iba era grande. No sé de donde vinieron tantas almas pa' acompañar a mi papá en su último paseo.

En cuanto apuré el paso los alcancé en la subidita que está casi pa' llegar al cementerio. Cuando llegamos, la gente buscó su acomodo para escuchar la misa de cuerpo presente. El llanto de los familiares empezó bajito pero luego subió de tono.

---

4 El pájaro de la mala suerte.

Creo que eso pasa cuando te das cuenta que tus ojos ya nunca más verán a ese ser querido. Luego comenzamos a llorar cada vez más fuerte. Ya después los presentes soltaban el llanto nomás de vernos gemir a nosotros. Pero nadie consolaba a nadie. Solo nos importaba desahogar el dolor a como diera lugar. Al modo de cada quien, pues.

Pasado un rato la gente empezó a retirarse del panteón. Unos agarraron por un lado y otros pa' otro. Así se fueron uno por uno hasta que nos quedamos solos. Nada mas sobrábamos mi hermano Chavelo, mi madre y yo.

Era tarde y el sol se estaba escondiendo detrás de los cerros de Aquila. En silencio caminamos hasta nuestra casa del pueblo. Lo bueno es que estaba cerca del cementerio. Para ser preciso, te diré que estaba mero en frente. Nomás bajabas a la barranquilla, subías una lomita y ahí estaba la casa, tú casa, para lo que se te ofrezca. Otras veces, desde allá podías presenciar el entierro de los muertos del pueblo. Así de cerca estaba.

Lo que sí estaba lejos era la caminada de regreso hasta el Rancho La Abuela. Como estaba por caer la noche, la verdad que ni se antojaba viajar así. Yo insistí en que nos quedáramos hasta el otro día, pero nadie me prestó atención.

Mi hermano le echó la montura al caballo, le apretó la cuerda que la sujeta al animal y empezamos a caminar. Esta vez no había prisa en nuestros pasos. Tampoco había ganas de hablar. Ahora que lo veo más claro, siempre fuimos una familia de pocas palabras. Nomás hablábamos cuando se ocupaba. Se puede decir que ese era un mal de cuna. Y para mas referencias te diré que ni ocupábamos mirarnos a la cara para entendernos. De espaldas y haciendo señas era más que suficiente. Con mencionar los puntos de nuestra ranchería, ya sabíamos dónde estábamos parados y lo que teníamos que hacer. A lo mejor tú no sabes de esto. Pero te diré que es un ajetreo muy cansado cuando alguien de tu familia se te muere. Se siente como que traes un costal muy pesado cargando en tus hombros. Las piernas se sienten débiles y tiemblan como gelatina. Tus manos se caen a la altura de la cintura y da dificultad pa' levantarlas de nuevo. Sientes cuando te pega el sueño bien duro, pero no puedes cerrar los ojos porque te arden. Las trasnochadas que esos velorios causan son pesadas.

A mí se me figura que también el pensamiento se cansa, porque las ideas ya no te llegan claras por ningún lado. Es una cosa fea. Es como cuando la noche se te viene encima.

Por encima de todo ese dolor nada mas quedan ganas de recordar. Con nostalgia claro está. Pero hay que ver que canija es la vida. Uno siempre recuerda a la gente cuando ya no están en el mundo. Cuando están vivos parece que ni existieran. Debe ser esa la razón por la que el rostro de mi papá ahora lo veía bien clarito en mi mente. Como si estuviera casi mero en frente de mí. Con todo y eso no era mucho lo que yo recordaba de él y eso hasta a mí me sorprende. Debe ser porque desde muy pequeño yo sufrí de mala memoria.

—Muchacho desmemoriado –me decía siempre mi madre cuando me olvidaba de hacer los quehaceres que ella me ordenaba en casa. Lo que si recordaba es que mi padre siempre andaba serio. Nunca lo vi sonreír. Él era bajito de estatura pero nos dominaba con la pura mirada.

Dirigirle la palabra nunca fue fácil. Para hablarle había que bajar la vista y cambiar el tono de la voz. Teníamos que hablarle con voz gruesa. Nos parecíamos a esos locutores de radio que escuchábamos todas las tardes. Una respuesta de mi padre podía demorarse días enteros. Para apresurar una comunicación con él, había que hablar con mi mamá primero. Ella siempre parecía encontrarle el modo.

Lo que pa' nada se me viene a la mente es si alguna vez mi padre nos demostró algo de afecto. Por eso digo, a lo mejor mi memoria no es tan buena como yo quisiera.

Por sí o por no, yo no culpo su forma de ser. Hasta le concedo la razón. Pa' empezar, él nació en el monte y allá mismo lo regalaron con su tía Cuca. Sus padres no querían que nadie supiera que él había venido al mundo. No se sabe los motivos verdaderos de esta situación. Pero ahorita las razones salen sobrando.

Pero eso sí, en cuanto mi papá estuvo en edad de trabajar, el abuelo Chencho lo mando traer de regreso.

A sus 8 años de edad lo hacían trabajar duro y a veces ni de comer le daban. Pero no era de sorprenderse porque así se las gastaba Crescencio Sandoval, más conocido como Chencho, su padre. No sé si este señor algún día tuvo un lado bueno. Hasta ahorita nadie ha podido dar buenas referencias de él. Se sabe que Chencho no era así de ladino con otra gente, más que con mi papá.

Mi padre fue hijo único, pero ni por eso le tenía consideración. Nunca supimos de dónde venía esa mala fe que Chencho Sandoval le tenía. Por eso te repito, yo no culpo la forma de ser de mi papá.

Se me viene a la mente también lo mucho que le gustaban los caballos bailadores. Entre la troja[5] de maíz

---

5 Almacén para maíz, hecho de madera.

y el guayabo que estaba en nuestra casa, tenía los dos horcones de entrenamiento. Amarraba el caballo de cada poste y luego azotaba con fuerza un cuero de vaca seco que tenía colgado. El estruendo de aquel golpe hacía brincar el caballo hacia adelante. Al no poder avanzar, el caballo no tenía otra más que mover las patas con rapidez, pa' arriba y pa' abajo. Con muchos días de práctica, el caballo terminaba agarrando un pasito bailador.

Clap, clap, clap se escuchaban los cascos del caballo. —Allá viene Abigay en su caballo güero –decía la gente del pueblo. Con una mano en la cintura y la otra sosteniendo la rienda del animal, mi padre alzaba la mirada alto. Luego le echaba un chiflido al caballo pa' que empezara a moverse. Mi papá se daba vuelo bailando su caballo en las fiestas de San Miguel[6]. Las calles empedradas de Aquila estaban que ni mandadas hacer para eso.

Se veía que la gente le tenía buen aprecio. Con ellos hablaba mucho y hasta parecía que disfrutaba de las pláticas. No entiendo porque con nosotros las cosas eran de otro modo. Debe ser por eso que me dio tanto sentimiento esa vez que me pegó un buen fajo. Agarró un lazo y me lo pintó por las zancas sin decir agua va.

—Muchacho verijón –me dijo-. ¿No te dije que fueras a correr esa vaca ajena?

Y la miré de reojo. Era la condenada vaca de mi tía Micaela. Esa maldita vaca venía desde El Chafre. No sé cuántas cercas brincó para llegar a quitarles la comida y la sal a las vacas de nosotros. Tal como mi padre me lo pidió, la saqué a pedradas del corral. La encaminé bien lejos, hasta donde pensé que no le daría por regresarse.

---

6 Fiesta patronal del pueblo.

Chiflando y muy quitado de la pena me regresé pa' mi casa. Nunca me di cuenta que la vaca venía detrás de mí. Vaca hija de su tal por cual, de seguro venía de puntitas por eso nunca la escuché. Así que el único fuetazo que me dio mi padre fue por culpa de esa vaca. Es hora que no se me olvida y ni creo que se me olvide algún día.

Pero ya te digo. Esos son los recuerdos que yo tengo de mi padre. Te dije que no eran tantos. Pero me gustaría aclarar un asunto antes de seguir con la plática. No es bueno tener malos entendidos cuando uno habla. Lo que yo te cuento es para que me escuches, no para que me tengas lástima. Eso nunca sirve de nada. Lo que sí sirve es desahogarse hablando con alguien, así como lo estoy haciendo ahorita.

Dicen que no es bueno arrastrar una pena así de grande por tanto tiempo. Que si te guardas los sentimientos se te pueden pudrir allí adentro. Dicen también que de ahí es de donde nace la amargura y el resentimiento. Si no, pues que le pregunten al abuelo Chencho, que en paz descanse.

Como se miraban las cosas, este canijo luto parecía que iba pa' largo. Menos mal que ese sentir era compartido. Si hubieras visto la tristeza del caballo de mi padre. Se veía flaco y sin alientos. Tenía los ojos hondos y los parpados caídos.

Lo mismo pasó con las vacas de nuestro rancho. Cuando murió mi padre, se les fue el hambre y dejaron de comer. Parecía que se trababan de lo flaco que quedaron. Estoy seguro que extrañaban esos fuertes gritos de mi papá. Aunque fueran a regaños y pujidos, pero de todos modos los animales le hacían caso cuando él les hablaba.

¡Tóa, tóa, tóa! Era todo lo que mi papá les gritaba. En cuanto los animales le reconocían la voz, bajaban corriendo desde las laderas de los cerros. Con mucha prisa llegaban hasta donde él estaba para que les diera un poquito de sal. Esa siempre fue la comida favorita de las vacas. Y si hasta los animales resintieron la muerte de mi padre, pos nosotros con más razón. Pero qué se le va hacer si así es la vida.

2
LA ABUELA, MICH. (MEX)

Lo cierto es que aquí en El Rancho La Abuela, ahora sopla un aire de desolación y de incertidumbre. Sin mi padre, parecía que trabajábamos cada día más, pero seguíamos igual de jodidos que antes. El maíz que sacábamos nos alcanzaba nomás para irla pasando. Siempre fue así, pero ahora se notaba más. Hasta el ganado parecía venirse a menos cada día. Pa' acabar pronto, le perdimos el hilo al manejo del rancho. Honestamente yo no miraba por donde esto pudiera mejorar. Más bien era todo lo contrario.

Viendo todo esto, a mí me empezaron a entrar un montón de ideas raras en la cabeza. Me imaginaba que tal vez existía otro modo de vida que no fuera esta. No es que yo renegara de mi destino, pero yo quería algo diferente. Estas ideas daban vueltas y vueltas allá arriba mientras yo seguía con las mismas rutinas.

Metía las vacas al corral para ordeñarlas y luego alimentarlas. Ayudaba a desmontar para preparar el cultivo de la siguiente temporada. Acarreaba leña para que mi madre cocinara en su chimenea hecha de barro. Le daba de comer a los puercos y gallinas.

Por una temporada hasta tuvimos manadas de chivos que también había que pastorear en el campo. Al final terminaba mi día regando las plantas de mi madre. Sólo que para cumplir con todas estas obligaciones, terminé dejando la escuela por completo. No hubo más Chafre para mí. Aquí se terminaron esas largas caminatas que duraban hasta una hora para ir a aprender a leer y a escribir.

A decir verdad, el trabajo de rancho nunca termina. Eso se lo puedes preguntar a cualquier campesino. Te apuesto a que te van a decir lo mismo que yo. Debe ser por eso que esas nuevas ideas de las que te hablo, no paraban de inquietarme. Me imaginaba que le podía dar una mejor vida a mi madre ahora que mi padre no estaba. Además, solo quedábamos en casa mi hermano Chavelo y yo. Todos mis otros hermanos y hermanas ya habían hecho sus propias vidas. Hasta tenían hijos mayores que yo. Acuérdate que mi papá tenía 5 hijos cuando su primera esposa murió.

Pa' cuando mi madre enviudó del primer marido, ya venía con 3 criaturas. Así que ya juntos, mi padre y mi madre procrearon 9 más. Eso sin contar con que mi madre malogró 6 partos entre medio de mi hermano Chavelo y yo. Al parecer, yo nací de pura suerte. Así que soy el último de 17 hijos. Parece también que en tiempos pasados se acostumbraban familias grandes para que ayudaran a cultivar las tierras, que eran enormes. Sea cual sea la razón, es bueno saber a lo que vienes a este mundo. Por lo menos así sabes a qué atenerte.

Pero de qué sirve tener una familia tan grande si no puedes confiarle tus cosas. Casi siempre son los primeros en juzgarte de loco cuando tienes sueños. Y en este caso puede que tuvieran razón. Nunca nadie salió del rancho La Abuela para hacer algo diferente que no fuera trabajar en el campo. Ni siquiera mis hermanos que les daba por irse al norte[7] pa' ganar unos dólares. Con el tiempo de

---

[7] USA (United States of America).

todos modos regresaban a lo mismo, a cultivar la tierra de nuestras parcelas.

Por eso mismo iba a estar complicado salirme del rancho con el permiso de mi madre. Lo primerito que me iban a decir es que me ocupaban aquí en el rancho, no en otro lado. Me imagino a mi madre diciéndome: — ¿Qué pitos vas a tocar allá?–era su frase favorita. Luego, mis hermanos dirían que yo me iba de casa por flojo, no por otra cosa. Que de seguro allá en el pueblo me convertiría en un bueno para nada, como luego pasa con otra gente. Aparte, no había modo de costear esos estudios en los que yo pensaba.

Pero así estaban las cosas. De repente ¡zaas! Sentí que el golpe en la espalda me sacaba el aire. Volaron pedazos de tierra húmeda por todos lados.

— ¿Pero qué te pasa pedazo de animal? –dije yo y brinqué desde donde estaba montado en el macho El Carpantón, una mula de carga que utilizábamos porque no teníamos bueyes para arar. Desde allá arriba yo dirigía el paso de la bestia, mientras mi hermano Chavelo venía pegado al arado. Estábamos preparando la tierra de La Parotona[8] para sembrar frijol de temporada.

— ¿Qué no te fijas que los surcos se están yendo chuecos? –me dijo él. Su coraje fue porque me habló y yo nunca lo escuché. Yo estaba enredado con mis propios pensamientos. Me pasaba muy seguido. Mi mente estaba en cualquier otro lugar, menos donde debía de estar. Ni pa' que buscarle más. Yo ya no me hallaba aquí en el rancho. Pero no te creas, la vida tiene su manera de acomodar las cosas.

---
8 Punto geográfico de nuestra ranchería.

Esto lo menciono porque a los poquitos días ocurrió algo en casa que para nosotros no era normal. Por nuestro rancho pasaron una larga fila de hombres que venían del rumbo del pueblo. Venían sudando y arrastraban los pies del cansancio. Se cargaban unas enormes mochilas y hasta cobijas llevaban. Parecía que se estaban mudando de lugar. Se notaba a leguas que era gente de ciudad por la forma de vestir y su manera de hablar. Nos pidieron agua, pero como eran tantos, mi mamá terminó sacando el cántaro entero.

— ¿Falta mucho para llegar al Cerro de La Aguja? – dijo uno de ellos. —Como unas dos horas, más o menos –respondió mi madre–. Si apuran el paso, a lo mejor llegan en menos tiempo–.

—¡Ha! –contestó el que había hecho la pregunta. Cuando se fueron, mi mamá se encogió de hombros un poco asombrada. Por nuestra casa nunca pasaba gente que no fuera de las rancherías vecinas. Menos en un grupo así de grande.

Despuesito nos llegó el rumor de que a esos señores los contrataron para cultivar hierba mala. Un fulano compró muchas hectáreas de tierra allá en lo alto de los cerros. La tirada era hacer grandes sembradíos de marihuana. Ese arguende se hizo en grande, porque hasta la gente de las rancherías cercanas terminaron trabajando en eso también.

Lo que pasa es que se las pintaban muy bonito. Les decían que en poco tiempo iban a salir de pobres y muchos se la creyeron. Abandonaron los cultivos de maíz y agarraron pa' el cerro para hacerse ricos.

El alboroto ese me llamó la atención a mí también. Lo malo es que no querían chamacos de mi edad en esos campamentos. Y qué bueno porque meses después la cosa se puso muy fea allá arriba. La gente que nos pidió agua cuando iban pal' cerro, ahora corrían despavoridos camino al pueblo. Esta vez ni sus mochilas llevaban. Parecían una manada de caballos desembocados intentando escaparse de algo muy serio. En cuestión de minutos nomás se miraba el puro polvo que dejaron al pasar por un lado de nuestra casa.

Por pura curiosidad nos quedamos quietos para ver si pasaban más fulanos. Pero esos fueron todos. A menos que hayan cortado camino por los barrancos de la ranchería. Pero no lo creo porque ellos no conocen estos terrenos. Y no pasó mucho tiempo cuando a lo lejos escuchamos el ruido de los helicópteros. Ahí nos dimos cuenta que se habían dado un buen agarre con los guachos[9] allá en el monte.

Para tener el chisme completo me subí a lo más alto de una loma. Desde allí escuchaba los aviones del gobierno. Rodeaban de un lado pa' el otro El Cerro de La Aguja y El Cerro de La Mona. Luego pasaban volando bajito cerca de mi rancho. Daban vueltas y vueltas como si se les hubiera perdido algo.

La cosa se puso peor cuando se supo que en ese agarre murió gente de los dos bandos. Ahora los soldados venían por tierra a peinar la zona y a buscar a esos que salieron corriendo. Los habitantes de las rancherías cercanas echábamos pa' el monte para esconder las armas. También lo hacíamos para no cruzarnos con los soldados en el camino. Así de bravos como andaban, no fuera ser la de malas.

Con todo y eso si hubo a quienes les sacaron su buen susto. Les dieron sus buenas calentadas pa' ver si los

---

[9] Soldados.

hacían cantar. Pero ni así rajaron. Así que los soldados bajaron de los cerros con grandes rollos de marihuana, en vez de esa gente que habían subido a buscar. Qué alivio para muchos.

Pues ya te digo. Lo que parecía ser una salida para mi, ahora ya no lo era. Había que seguir esperando. Al cabo que para eso yo tenía tiempo de sobra. No era como que yo me iba a ir pa' algún lado. Por mientras me entretenía escuchando música. Curiosamente no era música ranchera lo que a mí me gustaba. Yo escuchaba música de ciudad.

Por eso agarraba el radio de mi hermano Chavelo a escondidas. Solo así podía escuchar mis estaciones favoritas. Aparte, yo no vestía de botas y sombrero como era la costumbre de los ranchos. Te puede parecer raro, pero desde entonces ya traía yo mis propias ideas.

Y como mis ideas eran muchas, tenía que darles rienda suelta para que no se echaran a perder. Al terminar mis labores del día, subía hasta lo alto de los cerros para mirar el atardecer. Ahí me seguía preguntando si habría otra forma de vida que no fuera la de ser campesino. Pues no aceptaba el destino de vivir y morir en este rancho como pasó con mi padre y mis abuelos.

Pero algo vieron en mi los maestros porque me decían que yo tenía buena cabeza pa' la escuela. Hasta pienso que tenían razón. En mi casa me gustaba hacer las cuentas de lo que vendíamos o comprábamos en el pueblo. También leía y contestaba las cartas que mis hermanos mandaban desde el otro lado[10] para mi mamá. Todo eso parecía ser importante y estaba ligado a lo que

---

10 Estados Unidos de América.

uno aprende con los estudios. Esas cosas me hacían sentir como una gente de provecho. Pero aunque la idea de estudiar parecía alentadora, ya nunca toqué el tema de la escuela. Ya sabía la respuesta de mi familia. Si quería seguir soñando despierto era mejor que lo hiciera en silencio. Así estaba mejor. Por lo menos por ahora. Ya mañana Dios diría.

Tienes que saber que la vida en un rancho puede ser muy solitaria. Y si vives tan alejado de los pueblos, pues con más razón. Yo por eso me iba al pueblo de Aquila todos los martes que se podía. Eran noches de cine. Aunque algunas películas eran a blanco y negro, eso no importaba. El chiste era salir del rancho para despabilarme un poco. Yo tenía mis formas para entrar a ver las funciones sin gastar dinero. Siempre me trepaba por una barda que estaba pegada al cine. En cuanto se descuidaban los vigilantes, brincaba pa' adentro del lugar y me perdía entre toda esa gente que estaba atenta a la película. Otras veces yo le ayudaba al cácaro[11] disque a cuidar la puerta de entrada. Desde ahí también se podían ver las películas, aunque fuera a medias.

Deben ser por los años que ya tengo ahorita porque nada de esto me causa gracia. Y si pudiera regresar el tiempo, eso nunca lo volvería a hacer. Pero en ése entonces, ir al cine era mi pasatiempo favorito y nada me paraba.

—Nomás que no regreses temprano mañana para que ordeñes las vacas y ya verás –mi mamá siempre me decía eso pero me dejaba ir de todos modos al pueblo cada martes.

Yo no lo había planeado de este modo, pero en una de esas salidas ya no regresé pal' rancho. Me entró la

---
11 El dueño del cine.

locura y me inscribí en la secundaria del pueblo. Ahí mi hermana María me dio permiso de quedarme en su casa mientras yo buscaba acomodo en otro lado. Cuando mi madre vio que yo no regresaba, ella bajó hasta el pueblo para hablar conmigo.

Pero ni los regaños ni el enojo de ella lograron que yo cambiara de opinión. Si no aprovechaba esta ocasión para salirme del rancho, pudiera ser que no hubiera otra chanza. Así era la forma que yo miraba las cosas. Así que al ver mi terquedad, mi mamá bajó los brazos y se resignó. Acordamos que yo les ayudaría en las labores del rancho cada fin de semana. Pero ese acuerdo duró muy poco. Al pasar de los meses me pesaban más y más los pies cuando subía por esos cerros camino a casa. Se me hacía más fácil trabajar en los cultivos de la gente del pueblo. Por lo menos así me ganaba un dinerito pa' mis cosas de la escuela.

El vivir ahora en el pueblo no había resuelto mis apuros. Más bien, los apuros apenas empezaban. Tenía razón mi madre cuando nos decía: –"Sepan que donde quiera que vayan, no van a encontrar árboles de tortillas ni arroyitos de frijoles".

Es que allá en mi casa por lo menos uno podía comer a sus horas. No es que no comiera en casa de mi hermana, pero uno nunca tiene la misma confianza. Además, éramos diez viviendo bajo el mismo techo. Había que racionar los alimentos pa' que alcanzara pa' todos.

Pa' cuando las clases empezaron con seriedad, me tuve que calar algunos comentarios de burla en el salón. Todo por mi forma de hablar y mi forma de vestir. Es que uno no puede dejar de ser campesino de la noche a la mañana. Con todo y eso no le di mucha importancia al asunto. Pues no quería que esto me bajara los ánimos que traía. Tanto trabajo que da armarse de valor para hacer cosas nuevas en la vida. Como pa' que venga cualquier pelado a desbaratarte las ilusiones. Eso sí que no.

Menos mal que de a poquito la gente me empezó a mirar con otros ojos. Creo que no se acostumbraban a verme en uniforme y con libros en la mano. Siempre me conocieron mercando queso y crema por las calles de Aquila.

Otras veces vendía gallinas y huevos también.
Montado en mi animal recorría el pueblo hasta vender todo lo que traía desde mi rancho.

—Señora Alicia, ¿Hoy no va querer queso?

—Hoy no mijo, pero te encargo una gallina pa' la otra vuelta. —Ah, ta' bueno pues...

Terminando de vender mis cosas me iba derechito a la tienda de Joselito Ramos. Allí comprábamos todo nuestro mandado de la semana. Azúcar, sal, jabón, petróleo y todas esas cosas que no teníamos allá en el rancho.

—¿Qué vas a llevar hoy muchacho?

—Aquí está apuntado lo que mi mamá quiere que le mandes-. Dice que por favor se lo apuntes en su cuenta-.

Desde que yo tenía uso de razón siempre fue lo mismo. Pagábamos la cuenta atrasada para pedir fiado otra vez. Lo bueno era que Joselito Ramos nunca perdió la paciencia con nosotros. Él siempre tenía eso de bueno con la gente. Por eso siempre nos gustaba comprar allí con él. Más adelantito te contaré otras cosas de Joselito Ramos. Verás que siempre fue una buena persona con todo mundo.

Volviendo al tema, a mí me daba mucha vergüenza andar vendiendo esas cosas por las calles. Yo era tímido y ya me empezaba a fijar en las muchachas. A lo mejor ellas en mí no, pero no era bueno que me vieran en esas fachas. Qué irían a pensar. Pero alguien tenía que hacer las ventas. De otra forma no habría dinero para llevar el mandado a la casa.

Lo único bueno de estas ventas era que siempre me traían mucha suerte. Miraba yo pa' el suelo y de segurito que me encontraba monedas de cinco y diez pesos. A veces me pasaba varias veces en el mismo día.

Estas rachas de buena suerte me llegaban justo al terminar de vender mi mercancía. Me quedaba con algunas monedas antes de entregarle las ganancias a mi madre. Luego me adelantaba unos metros y con asombro hacía como que me encontraba el dinero en el piso. Pasaba tan seguido que hasta mi madre le daba por presumir la suerte que yo me cargaba.

Es que si no lo hacía así, yo terminaba sin un centavo en mi bolsa. Todo se iba pa' el mandado de la casa. – Muchacho despatriado –me diría mi madre si un día se entera de todo esto.

3
AQUILA, MICH. (MEX)

Aquí en el pueblo de Aquila parecía que el tiempo pasaba sin mucha prisa. Me llevó un año completo el acostumbrarme a mi nueva escuela. Eso sí, le daba duro a los libros. Nomás llegaba de la escuela y me arrancaba pa' donde estaba ese enorme árbol de capire[12]. Ese árbol estaba arribita de la casa de mi hermana María. Yo aprovechaba su sombra y el viento de la tarde para terminar todas las tareas que me dejaban los maestros. Así tenía tiempo libre por si había que ir al cultivo o para ir por la noche al jardín del pueblo.

En este jardín la gente acostumbraba a caminar alrededor de la plaza todas las tardes. Los hombres daban vuelta pa' un lado y las mujeres pa' el otro. La finalidad era encontrarse de frente para verse las caras. De esta forma era más fácil ver la seña de alguna chica para acompañarla a dar la vuelta. Así se acostumbraba antes.

Luego llegaban a la plaza los compañeros de la escuela. Toño, Chentillo, El Socio, Chapetes, Vitor y El Pato. A veces mi sobrino Abraham venía también, aunque en un principio él era un poco tímido. Pero con el tiempo se le quitó el miedo y ya después ni quien lo parara. Ya en grupo nos sentábamos en una esquina del jardín para contar historias y chistes. Con ellos mismos empecé a

---
12 Árbol frondoso que crece en la región de Aquila.

jugar deportes en la secundaria. Voleibol y fútbol eran nuestros deportes de gusto.

Es bueno decir que ellos fueron los primeros amigos que yo tuve en la vida. Por eso los procuraba siempre. Todas estas cosas me ayudaron a vencer la timidez que me traje del rancho un día. Pero en cuanto agarré confianza me metí en todas las cosas que tuvieran que ver con la escuela.

Hasta me eligieron como presidente de la sociedad de alumnos. Ve tú a saber qué era eso. Pero yo era el presidente de algo. Luego me hicieron director de la banda de guerra de La Escuela Secundaria José María Morelos. Así si se llamaba mi secundaria. Ahí yo comandaba los honores a la bandera todos los lunes. Pero lo más importante para mi eran los desfiles del pueblo. Con mi flamante trompeta iniciaba el desfile y marcaba los pasos de la marcha.

¡Uno, dos, uno, dos, uno, dos! El golpe del tambor y el sonar de las trompetas aceleraban el palpitar de mi corazón. El eco de esos instrumentos rebotaba con fuerza en las casas del pueblo haciendo aquello todavía más emocionante. Si mi padre estuviera vivo, tal vez se sentiría muy orgulloso de mí. Las calles que él pisó junto con su caballo bailador, ahora su hijo, el último de todos, las recorría también, aunque por una causa diferente.

Pa' estas alturas la gente del pueblo ya me reconocía como Trino Sandoval. De los Sandovales del Rancho La Abuela. Porque había otros Sandovales en La Coyulera y en El Chafrillo. Y aunque esos Sandovales eran mis parientes, la gente ya sabía de cuales Sandovales era yo. Y eso me hacía hincharme de puro orgullo.

Hasta aquí todo iba muy bien. Se puede decir que estaba viviendo momentos muy buenos. Pero nunca falla. Cuando las cosas aparentaban caminar bien, siempre ocurre algo que las cambia. La gente que mirabas en la plaza por las tardes, de repente dejó de venir. Ahora nada más se miraban los domingos al salir de misa. Después me di cuenta que sus razones tenían para no asomarse a la calle.

¿Tú te acuerdas de aquel alboroto que se armó allá en El Cerro de La Aguja? ¿Sí, cuando los señores esos pasaron como almas que lleva el diablo hacia el pueblo? Te debes de acordar porque hasta un corrido compusieron de eso. Se llamaba "La Banda del 84." Bueno, todo ese barullo[13] dejó muchas consecuencias de cuidado. Hasta me atrevo a decir que echó a perder la vida de mucha gente por estos rumbos. Cuando los campamentos de la montaña quedaron solos, la gente regresó al cerro para recoger semilla de marihuana. En todas las rancherías empezaron a cultivar esa hierba en vez del maíz.

Con el tiempo, alguna gente sí pudo juntar algo de dinero. Pero otros terminaron encerrados o desaparecidos. A los que peor les fue, perdieron la vida por andar en esos negocios. Era de esperarse. Dicen que andar en eso nunca te deja nada bueno.

Lo que sí hay que lamentar es que entre aquellos que murieron por estas causas había gente que yo conocía muy bien. Pero la cosa no paraba allí. De este ambiente se formaron algunas mafias de narcos que tenían la región de Aquila y su municipio llenos de miedo. De repente se aparecían por el pueblo con camionetas llenas de gente armada. Por donde se paseaban, acribillaban caballos, burros, y vacas. Según ellos, era para que los animales no estorbaran en caso de una huida. Yo más bien pienso que lo hacían de puro gusto.

13 Movimiento.

Estos mismos narcotraficantes, también les daba por robarse las chicas a la fuerza. Por eso es que la gente ya no salía de sus casas, y ni quien los culpe por eso. Con tantos hombres armados, nadie se atrevía a ponerles un alto. Se daban vuelo haciendo maldades porque ahora el gobierno no aparecía por ningún lado. Desde aquella vez que cayeron allá en las montañas y eso fue todo. Cuando estos sicarios llegaban al jardín de Aquila, la gente empezaba a agarrar camino pa' sus casas. Se iban despacito pa' que no pensaran que les tenían miedo. Aquí bajita la mano, te diré que si daban miedo; y mucho. Con tamañas pistolotas, pos como no les íbamos a sacar la vuelta.

En una ocasión organizamos en el pueblo un baile a beneficio de nuestra graduación de escuela. Estos hombres llegaron muy valientes mostrando sus armas. Pidieron bastante cerveza y vino para todos y se jalaron al comandante de la policía para que los acompañara a tomar.

Ya borracho, uno de ellos, me aventó una piedra para que le prestara atención; querían más licor. Qué bueno que la piedra era chiquita. Y aunque no lo hubiera estado, no era como que yo les iba a reclamar por eso. Como era de esperarse, ya entrada la noche se armó el escándalo.

—¡Que se llevan a la Lupe! —gritaba la gente.
—Señor comandante, ¿Qué no va hacer algo?
—Eso es lo que ellas quieren —respondió con cinismo desde donde él estaba sentado—. Nomás sacó la panza y se acomodó el bigote.
Luego se quedó donde mismo. Las cosas estaban claras Juventino. Así no se puede vivir a gusto en ningún lado. No hay seguridad ni garantías de nada.

Y la cosa se ponía peor cuando se encontraban las bandas rivales en alguna de las fiestas del pueblo. Se daban golpes hasta por debajo de la lengua. Sacaban las pistolas y la gente corría despavorida de un lado para el otro buscando donde esconderse. Qué suerte que no se dieron de tiros en ninguna de esas veces que me tocó presenciar sus borlotes. Todo quedaba en el puro susto. Ya después la gente se acostumbró a verlos pelear a golpes entre ellos mismos.

En lo que bailabas, hasta resultaba menos cansado abrirles campo pa' que cayeran al suelo a gusto. Si les encantaba andarse revolcando en el piso, ése era muy su gusto. Ahora era cosa de andarse con cuidado y procurábamos no cruzar camino con ellos. Pero no era tan fácil perderlos de vista. Se aparecían por donde quiera. Más la banda de Tobal Ramos. Él era oriundo de La Placita, un poblado muy cerca de Aquila. Una tarde se apareció con sus hombres allá por la secundaria. En cuanto los vimos venir, nos metimos a los salones despacito como ya sabíamos que teníamos que hacerlo. Llegaron con mucha arrogancia, se plantaron donde había sombra y se sentaron a esperar.

Ya sabíamos a qué chica del salón le habían puesto el ojo. Cuando estos fulanos se descuidaron, arrancamos unos vidrios de la ventana. Por ahí sacamos a Mary. Luego corrimos entre el monte y la llevamos a la casa de su abuela. Viendo como estaban las cosas de peligrosas, le pedimos a Mary que no saliera para nada esa tarde. Después de la carrera que dimos, El Socio y yo sudábamos a chorros. Y no era nomás por el calor. Pero la vida tiene una forma muy curiosa de darte lecciones. Esa misma noche Mary estaba platicando con Tobal y sus hombres allá en el Jardín. Tobal era el líder de la banda de narcos en La Placita, Michoacán. Mientras ella se veía muy quitada de la pena, yo quería que me tragara la tierra. Faltaba que Mary les fuera con el chisme de lo que había pasado esa tarde allá en la secundaria. Aunque por otro lado, a ellos les hubiera causado mucha risa ver la cara de susto que teníamos en ese rato. No cabe duda, uno a hace cada tarugada en la vida.

Con todo y eso uno no le desea mal a nadie. Pero el refrán bien dice que quien mal anda, mal acaba. Estas bandas de narcos hicieron tantas maldades que el gobierno tuvo que tomar cartas en el asunto. Era de sí o sí. En el crucero que está entre La Placita y Aquila, en Michoacán, los estaban esperando los federales. Parece que les marcaron el alto y ellos no obedecieron. Le dieron bala por todos lados. Así es como se les acabo el corrido a Cristóbal Ramos y su banda. Por lo menos eso dice la gente y así me lo contaron a mí.

La otra banda que rondaba la zona y que les decían los Chapeados, también desapareció al poco tiempo. No sé todos los detalles. Pero lo cierto es que desde entonces la calma regresó a estos rumbos. A la gente ya no se le miraba temor cuando salía a pasear a la plaza. Ya era hora Juventino.

Mientras estas cosas sucedían aquí en el pueblo, mi mamá y Chavelo tenían sus propias historias que contar. Miraron que lo del rancho de plano ya no daba y decidieron ir a ganar unos dólares al otro lado[14]. De a poquito me mandaban para acabalar pa' mi escuela. Pero parecía que el dinero nunca alcanzaba pa' nada. Ni siquiera para de vez en cuando comprar una muda de ropa nueva. Quieras o no, una situación así desespera a cualquiera.

Déjame te digo que ser pobre es una cosa triste. El no tener nada arrastra tus pensamientos para hacer cosas

---

14 Norteamérica.

que luego uno no quiere. Debe ser por eso que me entró el remordimiento. Ahora me arrepiento todos los días. Nunca debí hacerlo. Figúrate que en el pueblo de Aquila vivía don Pascual, dueño de la tienda comunal. A las nueve de la noche cerraba su tienda todos los días. Bajaba la cortina del changarro y empezaba a caminar rumbo a su casa con el bolso de dinero bajo su brazo.

Él era un señor mayor de edad y pasado de peso. Caminaba muy despacito. Despojarlo del dinero iba ser cosa fácil. Sería cuestión de pasar corriendo y arrebatarle el morral de las manos. Con lo obscuro que estaba él nunca iba a saber quién era yo.

—Cuando termine mis estudios tendré un muy buen trabajo —dije yo. "Prometo que le regresaré todo ese dinero y hasta más. Hasta le pondré una nota pidiendo que me disculpe. Don Pascual sabrá entenderme, estoy seguro. Se ve que es una persona de buen corazón. Si yo le explico todas las dificultades que yo he pasado, en un descuido y hasta me da la razón. Aunque pensándolo bien, mejor no le pondré mi nombre en esa nota. Pero sí le regresaré todo el dinero".

Si este plan para conseguir dinero no funcionaba yo ya había pensado en otro. La casa de mi hermana María estaba en las afueras del pueblo de Aquila. El camino real pasaba muy cerca. La gente de las rancherías de La Laguna, La Cofradía, y Ostula pasaban por ahí para poder llegar al pueblo. Como era tiempo de fiestas, de seguro todos traían algo de dinero. Uno se ponía ahorrar todo un año para gastarse ese dinerito en la fiesta de San Miguel[15].

El monte estaba crecido por la temporada de lluvias y eso a mí me favorecía. Era cosa de salirle a esa gente

15 Fiesta patronal de Aquila.

al camino con la pistola calibre 22 que mi cuñado Pedro Ferrel aguardaba arriba del ropero. Con el susto que se iban a llevar al ver el arma, aventarían el dinero al suelo y se irían corriendo sin voltear pa' atrás. Esto también sería cosa fácil. Pero ahora me arrepiento mucho de eso. Te lo digo de verdad. No es cosa de juego y me da mucho pesar.

Tú no me entiendes Juventino, por eso abres los ojos así de grandes. Pero nada más quien ha pasado por estos apuros sabe de lo que te estoy hablando. Tampoco es bueno juzgar porque la vida da muchas vueltas. Que malo que pensé esas cosas, pero qué bueno que no las hice. Más bien me ha servido pa' darme cuenta que yo no sirvo para andar en caminos torcidos, gracias a Dios.

Cuando las cosas no te pintan bien, a veces es mejor dejarlas como están. No sea que las vayas a empeorar. Parece que lo que a mí me conviene ahorita es concentrarme en la escuela. Se mira que eso si se me da. Yo tengo bien clarito que no es pa' mañana ni para pasado mañana. Más bien es cosa de esperar un tiempito. De mi te acuerdas Juventino, esas situaciones que ahorita se ven feas, un día nos vamos a reír de ellas. Podré no tener otras cosas pero fe si tengo. Una fe así de grande como la que yo me cargo me va a llevar bien lejos. Ya verás.

Lo que si da sentimiento es ver que todo lo que yo estaba pasando era a raíz de la muerte de mi papá. Te aseguro que si él estuviera vivo, yo todavía estuviera viviendo en el rancho. Ocurrirían otras cosas pero ninguna como las que te estoy confiando ahorita. Y eso que apenas es el comienzo de la historia. Pero la verdad es otra. Con decirte que hasta la casa del rancho se cayó por el abandono. La pileta de agua es lo único que quedaba en pie.

Yo estoy seguro que te han contado que las casas solas se caen más pronto que otras. Dicen que el calor de la gente ayuda pa' que no se desplomen con la soledad. Que esto pasa más con las casas que están hechas de pajarete[16], así como la de nosotros. Nuestra casa estaba hecha de varas cruzadas y enjarrada con lodo. El techo estaba cubierto con teja de barro, tal como se usa en estas rancherías.

Así de sencilla como estaba hecha, hubiera durado muchos años. Pero nomás las desatiende uno poquito y se caen sin remedio. No se pa' cuando las cosas se van a enderezar en mi vida, Juventino. Pero yo presiento que los estudios van a ayudar a componer el camino. Es más, ya le tengo bien puesto el ojo a las letras y no puedo arrendar pa' ningún otro lado. Por eso es que graduarme de la secundaria fue uno de esos momentos para recordar toda la vida.

Mi mamá estaba orgullosa de mí. Se le veía en la cara lo contento que estaba, y yo pues ni se diga. Lástima que mis hermanos tenían otros compromisos que atender ese día. Por eso es que ninguno fue a mi graduación. Pero este no era momento para las tristezas ni los reclamos. Uno no puede presumir estos logros todos los días. No quedaba otra mas que disfrutar y soñar. Que al cabo eso no cuesta nada.

---

16 Estilo de construcción en casas de rancho.

4
MANZANILLO, COL. (MEX)

Y con ese sueño me fui a la ciudad de Manzanillo. Me contaron que la escuela naval de este puerto podía pagar tus estudios si te registrabas en sus filas. Nada más que cambié de opinión en el mismo rato. Supe que a los nuevos estudiantes se los llevan mero adentro del mar. Que los tiran al agua por un buen rato para ver quién sale bueno pa' nadar. Como yo sabía que lo del nado no se me daba, yo lo pensé mejor. Pa' que hacerle al valiente. Por eso me eché pa' atrás. Además, eso de que los oficiales de la marina te griten mero enfrente de la cara, no me causa mucha gracia. A mí no me gusta que nadie me ningunee. Menos si no hay razón.

No te lo niego. Me quedé inconforme por no poder empezar mis estudios aquí. Pero no era para tanto. Así que por mientras busqué trabajo en lo que fuera. Que al cabo ya estaba aquí. Y aquí mero es donde descubrí que el destino se encarga de acomodar las cosas a su modo. ¿Tú te acuerdas de Mary, la que sacamos por detrás de la escuela porque disque se la querían robar aquellos mafiosos en Aquila? Bueno, sus padres eran de aquí, de Manzanillo. Aunque no me conocían de antes, de todos modos tuvieron la confianza de darme alojo en su casa. Hasta hablaron con su vecino Carmelo para que me ayudara a conseguir trabajo. Y sí que me ayudó este muchacho.

Obscurito en la mañana del siguiente día, empezamos a caminar con rumbo a donde él laboraba. Subimos por una colina empinada hasta que salimos a un parejito desde donde se veía el mar. Luego bajamos el cerro hasta donde estaba un cementerio.

—Acuérdate —me dijo Carmelo—. Aquí es donde doblas pa' la derecha. Si un día te toca venirte solo, aquí mero es. De ahí le sigues derechito y de volada llegas al trabajo. Cuando llegamos al lugar apenas estaba rayando el sol. Podía sentir en mi cara la brisa fresca del mar. Me alegraba mucho saber que mi trabajo estaba así de cerca de la playa. Pero el gusto no me duró mucho. Al poco rato aquello se calentó como un infierno. Las gotas de sudor que nos brotaban eran gruesas y pesadas. Hasta las podías escuchar cuando caían al suelo con fuerza.

Y pa' empeorar la cosa, la tierra allí era puro tepetate. Estaba tan dura que el pico y la pala rebotaban como si fueran de hule. De tanto dale y dale se me hicieron unas enormes ampollas en las manos. Aquello parecía un tormento sin fin. Yo antes había trabajado en cosas duras, pero no así. No como ahora.

Por eso en cuanto dieron la orden para el almuerzo, me fui derechito a aquel árbol que estaba en la cima de la loma. No había otra sombra en todo el alrededor mas que ésa. Quité las ramas secas que me estorbaban y me tendí en el suelo como tabla. Yo tenía mucha hambre pero como era mi primer día de trabajo, no traje comida. Ya no sabía si prestarle más atención a el hambre que me cargaba o al cansancio que sentía. Estaba decidiendo eso cuando llegaron Carmelo y don Juan.

— ¿Qué no piensas comer hoy muchacho? —me dijo don Juan.

Con toda la intención del mundo yo no le respondí. Minutos más tarde, don Juan habló otra vez.

—La jornada todavía es larga. No hay que desperdiciar el tiempo.

Luego Carmelo y don Juan cruzaron la mirada.

—Ha, ya veo, dijo don Juan–. Ven y agarra unos tacos de frijoles. No son muchos, pero si alcanzan.

—No quiero que piense que yo soy un abusivo, don Juan –le dije–. Pero si le voy a agarrar la palabra. Muchas gracias. Se lo agradezco mucho.

— ¡Tú no te fijes y éntrale! –respondió él.

Don Juan tenía ya sus años. Su piel renegrida parecía ya estar acostumbrada a esos fuertes rayos del sol de Manzanillo. Ni el calor ni lo duro del trabajo parecían causarle apuros. Más bien, yo miraba en su rostro destellos de resignación. Como que esa era la suerte que a él le había tocado y ya ni modo.

—Bueno pues, don Juan, ¿Pa' que se supone que estamos escarbando aquí? Se me está cayendo el pellejo de las manos y todavía ni siquiera se pa' que es esto–.

—Eso va a ser una alberca –me respondió él.

—Desde aquí donde estamos sentados van a salir unas resbaladeras que les llaman toboganes. Van a ir a caer hasta allá donde estamos escarbando. Va ser pa' los turistas de El Club Maeva.

—Ha, respondí yo –. Me quedé unos segundos pensando y luego dije:

—Me imagino que esto se va ver muy fino ya cuando esté todo terminado.

—Sí, pero todavía falta mucho –contestó otra vez.

Cuando don Juan terminó de hablar, suspiré bien hondo y luego me volví a recostar bajo la sombra del árbol. La mente ya no me daba para pensar en las horas de trabajo que todavía nos faltaban. El fuerte calor que hacía y el cansancio terminaron por vencerme. Esa siesta del medio día me cayó como anillo al dedo.

Trabajar así de duro en altas temperaturas tiene sus consecuencias. A mí hasta fiebre me dio en mi primer día de trabajo. Como no había tiempo pa' recuperarme, así le seguí el resto de la semana. A lo último mi desmejoramiento era tal que sentía los pies de trapo; todos aguados y sin fuerzas. Pa' no arriesgar de más, le pedí a Mary y a sus papás que me echaran en un autobús. Era mejor regresarme pa' el pueblo ahora que todavía podía. Por lo menos allá mi madre me podía hacer algún remedio y estar al pendiente de mi salud.

Con el ruido del camión, se desvaneció mi ilusión de estudiar y trabajar en el Puerto de Manzanillo. Recargué mi frente en la ventanilla y mi mirada se perdió en el horizonte.

Dejé que me venciera el sueño para no pensar. Ni caso tenía desgastar la mente. De todos modos yo pensaba en tantas cosas al mismo tiempo que ninguna tenía sentido. Así que me desperté cuando ya había llegado al pueblo. Venía rendido.

Como era de esperarse, mi regreso le llenó los ojos de alegría a mi madre. Yo por otro lado, luchaba por poner mi mejor cara. No quería que me vieran con cara de derrotado. Aunque se notaba desde lejos lo desmejorado que yo venía. Eso ni como ocultarlo.

Por si eso fuera poco, justo cuando iba llegando me dieron la mala noticia. Se trataba del tío Julián. Había muerto en esa misma semana que yo estuve fuera. Aunque él era un pariente lejano, yo lo respetaba y lo admiraba mucho. Mi tío Julián tenía muchas historias que contar. No tenía mucho tiempo que la creciente de un arroyito le había dado su buena arrastrada.

Regresaba de ver su milpa cuando lo agarró un fuerte aguacero. Para resistir la lluvia, se metió debajo de un puente que le quedaba a modo. Puso su bule de agua por un lado y acomodó el machete en una piedra. De ahí se sentó a esperar. Solo que aquel diluvio seguía fuerte y no paraba. Cuando mi tío se quiso poner de pie para quitarse lo entumido, se le vino encima aquel torrente de agua sucia revuelta con palos y hojas secas.

La corriente arrastró a mi tío Julián arroyo abajo mientras se tomaba sus buenos buches de agua. Manoteaba y pataleaba pero aquella corriente ya le había tomado la medida. Menos mal que en el potrero de don Nicolás estaba una cerca de alambre que lo paró en seco. Como pudo, se le abrazó al poste del cerco mientras recuperaba la respiración. Las ramas de árbol con los que él venía rodando en el agua le sirvieron de agarradera. Así es como se le escapó a ese crecido arroyo y vivió para contarlo.

Ya afuera del agua se sentó a quitarse el lodo y a que se le pasara el susto. De no haber sido por el cerco, la corriente lo hubiera arrastrado hasta el rio. Con lo crecido que iba ese día, mi tío no la hubiera librado. Esta era una de las tantas historias que él tenía para contarnos.

Como siempre ocurre, la muerte de un ser querido te pone a pensar muchas cosas. No sé si a ti te ha pasado eso. Si no te ha ocurrido, ojalá que no te pase nunca. Pero si uno compara un asunto tan serio como la muerte de mi tío, al no poder estudiar, pues la cosa no era tan grave. Dicen que aquí en la tierra todo tiene solución, menos la muerte. Además, mi mamá siempre decía que las cosas pasan por algo. Esto lo entendí cuando ella me empezó a contar lo de Joselito Ramos. Te dije que había más cosas que contar de él.

Resulta que Joselito dejó su tienda de abarrotes en Aquila para irse a vivir a la ciudad de Colima. Su nueva casa era grande. El ofreció hospedar a jóvenes que quisieran estudiar en esta ciudad. Yo fui uno de los primeros que se apuntó en la lista. También se vinieron a estudiar junto conmigo Chapetes, El Socio y mi sobrino Abraham.

Siempre le voy a gradecer a Joselito que me dejaba pagarle la renta y la comida a como se iba pudiendo. Igual como lo hacíamos desde que yo vivía en el rancho La Abuela. Él siempre supo de las carencias en mi familia.

Por eso es bueno ser agradecido cuando alguien te brinda una oportunidad así de grande. De otro modo no sé cómo se me hubieran presentado las cosas. Pero no hay que darle tantas vueltas al asunto, Juventino. Lo que importa es que ya estaba acá, donde seguiría luchando por mi sueño.

5
COLIMA, COL (MEX)

Para mí era como estar viviendo un sueño. Nunca había vivido en una casa tan grande y tan bonita. En esta casa había una persona que nos tenía la comida lista a todas horas. Así nosotros le podíamos dedicar más tiempo a los libros. Por primera vez aprendimos a prestarle atención al reloj. Había una hora para levantarse, para comer, para hacer quehaceres, para ver televisión y hasta para dormir.

Joselito Ramos se encargó siempre de darnos reglas y de disciplinarnos. Junto con sus sobrinos, Jorge y Alfredo, nos enseñaron todo el movimiento de una ciudad. Todas esas atenciones a mí me ayudaron mucho. Me dieron valor pa' enfrentar las cosas que venían más adelante. Como esos primeros días de clases en esta nueva ciudad. Porque aquí también encontré gente que me miraba de reojo.

Con decirte que pa' diferenciarme de los demás estudiantes, me apodaban "El Aquila." Ya te imaginarás el porqué. El enojo de algunos compañeros de clase era ver que yo sí cumplía con todos mis trabajos de escuela. Bueno, también les caía mal porque en la clase yo era el más preguntón de todos. Desde su punto de vista no era necesario hacer tantas preguntas en el mismo día.

Todo eso los hacía verse mal con los maestros. Pero yo qué culpa tenía si ellos se iban de pinta casi todos los días.

Se miraba que no les interesaba la escuela para nada. Desperdiciaban una buena oportunidad de ser alguien en la vida cuando otros nomás sueñan con algo así.

Eso mero pensaba yo cuando de repente:

¡Pzzzzz!, ¡Pzzzz!

—¡Esta madre da toques! –dije yo.

—¡Jála ese cable para allá! –le grité a un compañero.

—¡Aguas, Aquila! –gritaron ellos casi al mismo tiempo.

La descarga eléctrica que recibí me dejo viendo estrellitas por unos segundos. Me quedé allí parado sin moverme por un buen rato. Parecía que me habían atornillado al piso. En cuanto se me pasó ese hormigueo que sentí en el cuerpo, empecé a caminar despacio. Parecía pollo espinado. Preocupado por el incidente el maestro me sentó en la banqueta. Ahí me quedé otro rato más hasta que se me pasaron todos esos escalofríos que había sentido.

De plano se me olvidó contarte que yo estudiaba para ser Ingeniero Electricista. Nada más que a esta profesión hay que tenerle respeto. Yo más que respeto, le agarré miedo. Esa sacudida que me dio estuvo fuerte. Lo que pasa es que yo me metí en esto siguiendo los pasos de otros jóvenes de nuestro pueblo. Estudiar electricidad en el CBTIS # 19 de Colima estaba de moda pa' nosotros. Así que nos tragamos el cuento.

Todo el grupo que veníamos del pueblo entramos pa' estudiar lo mismo. El asunto no era que nos habíamos equivocado de carrera. Más bien era terminar lo que ya habíamos empezado. De otro modo sería una vergüenza echarse para atrás en un asunto tan serio. Así que le pusimos todo el empeño y las cosas parecían marchar bien. La palabra "parecía" es nomas un decir. Es que cuando uno piensa que el camino empieza a estar parejito, es porque adelante viene un brinco grande. Creo que esto también ya te lo dije una vez. Pero no te voy hacer el cuento largo. Joselito Ramos nos corrió de su casa. No fue que se le ocurrió de la noche a la mañana. Nosotros le dimos los motivos. Una noche le hablamos para que subiera al segundo piso de su casa donde nosotros dormíamos.

La urgencia era que él escuchara lo último en las noticias. En la radio decían que el gobierno había agarrado gente por andar en el contrabando. Que a Joselito Ramos lo iban a investigar también por esas mismas causas. Acuérdate como estaban las cosas allá por el pueblo con eso de la droga y los narcotraficantes. La noticia se repitió varias veces de modo que él se la creyera. Y sí que se la creyó. Le hubieras visto la cara.

Con eso nos dimos cuenta que la broma no había sido de su gusto. De ahí tratamos de desbaratar el chiste pero él ya estaba muy enfurecido. Nos dijo que nos quería a todos fuera de su casa a la mañana siguiente. Ahora fue a nosotros a quienes se les desfiguró el rostro. Cada vena de la cara se nos empezó a poner tensa. Muy lentamente, esa sonrisa burlona que teníamos se nos convirtió en preocupación y miedo. Luego nos quedamos mudos.

Nuestro error fue tener a la mano esa grabadora moderna. Era un nuevo aparato que tenía un micrófono que se podía usar a control remoto. Desde el balcón de la casa, el Socio la estaba haciendo de locutor. Cuando escribimos las palabras del disque noticiero, nunca imaginamos que la cosa se fuera a poner así de fea. De haberlo sabido no hubiéramos bromeado así. Se me afigura que ésta vez sí se nos pasó la mano.

Ahora sí que iba a estar complicado explicar por qué nos corrieron de la casa. Y más difícil iba estar encontrar donde vivir de un día pa' otro. Lo bueno era que teníamos toda la noche para pensar lo que íbamos hacer.

Y así fue. La mañana nos sorprendió a todos con los ojos bien pelones. Nadie pudo dormir y no era para menos. Bien tempranito, Joselito subió para hablar con nosotros otra vez. Clavamos la mirada en el piso y lo escuchamos sin interrumpir.

—Desde hoy se van a vivir a la casa que está por la avenida Juárez. Allá cada quien que se las arregle como pueda –dijo él. El lugar del que él nos hablaba estaba dentro de la ciudad, pero por otros rumbos. Nosotros nos quedamos viéndonos unos a otros.

De seguro a Joselito le entró el remordimiento y no nos quiso echar a la calle así como así. No recuerdo si hubo más palabras porque él se fue después de darnos la noticia. Lo que sí recuerdo es que todos soltamos ese aire que estábamos aguantando desde hacía ya rato. Un poco mas aguantando el resuello y hasta nos hubiera dado un hernia o se nos hubieran saltado los ojos por el esfuerzo.

Al llegar a la nueva casa, cada quien buscó su rincón. Había un solo cuarto y de uno en uno nos acomodamos en el lugar. Se podía ver que la casa era de adobe y que le faltaban algunos arreglos. Y si se pone uno delicado pues también le faltaba una regadera para el baño. Lo bueno es que yo nunca he sido tan fijado para estas cuestiones. Ya estaba acostumbrado a bañarme a jicarazos desde antes. Eso lo aprendí desde que vivía allá en mi rancho *La Abuela*.

Déjame decirte que con esta mudanza el menos favorecido fui yo. Aquí si pasé hambre varias veces. Pues no tenía la comida segura como allá en la otra casa de donde nos corrieron. No era como a mis compañeros que sí tenían a sus padres que le sustentaran sus gastos.

En cambio a mí ahora me tocaba vivir al día. Aunque de vez en cuando la dueña de la cafetería de la escuela me regalaba una torta para calmar los rugidos de mi estómago. Eso a veces me salvaba el día. Yo masticaba esa torta despacito para que el hambre tardara más en regresar. Y si tardaba en volver hasta el otro día, para mí era mucho mejor.

Pero los días transcurrían así como te dije, de uno en uno y muy despacio para mi gusto. Pero la cosa no mejoraba. De repente me veían remendando esos tenis blancos todos los días después de clases. Eran los únicos que tenía. Creo que hasta les agarré cariño después de tantas talladas que les di. También me tocaba pedirle prestados los pantalones a mi hermano Chavelo. Me quedaban grandes. Pero eso tenía remedio. Nomás había que doblarles la bastilla y listo. No los podía cortar por que se los tenía que regresar luego.

Como puedes ver, la situación estaba como para desplomarle los ánimos a cualquiera. Pero cuando ya estás encaminado en algo, da pesar echarse para atrás. Hasta un dicho dice que pa' atrás, ni pa' agarrar vuelo. Así que con pena y todo conseguí trabajo vendiendo ropa. Pero no era ropa cualquiera. Era ropa íntima para damas, figúrate tú. Esta idea no me gustaba ni tantito.

Pero así de fuerte era la necesidad. Los fines de semana me iba al pueblo de Aquila para hacer negocios como en los viejos tiempos. Solo que esta vez ya no tenía que montar a caballo. A pie caminaba las calles ofreciendo los modelos más nuevos de ropa para damas. Algunas mujeres sí se animaban y compraban algunas prendas. Otras lo querían todo fiado y pos así no me salía.

Aquí es donde yo te quiero dar un buen consejo. Nunca des a fiar las cosas que vendes. Menos si son prendas íntimas de mujer. Si por alguna razón no te las pueden pagar, pues ya como le haces, ni modo que regreses a quitárselas. Hasta pienso que algunas mujeres ya sabían de estas mañas. Las que me quedaron a deber se me escondieron pa' no pagar. Eso si da coraje. No sé qué pienses tú Juventino, pero así no son los negocios.

Al final se le buscó todas las formas para que yo no dejara el estudio. Pero se veía venir. No se pudo hacer más. Así que cuando mi madre me dijo que hasta ahí había llegado mi boleto de escuela, lo entendí muy bien. No había de dónde agarrarse uno para decir otra cosa.

—Nada mas terminas este año escolar y le paras al estudio –me dijo mi madre–. Al cabo que nomás falta un mes.

—Al menos que... –me quiso decir.

¿Al menos qué? –le pregunté yo.

—En el mes de julio Joselito se va pa' el norte. –me siguió diciendo–. Ahí veras si no le pegamos.

El irme a los Estados Unidos nunca me pasó por la mente. Pero como estaban las cosas, bien valía la pena echarle una pensada. No me había aventajado hasta aquí como para dar vuelta atrás. Además, cualquier cosa era mejor que regresarme al pueblo de Aquila. Allá no había nada que hacer para ganarse la vida. Y cuando miras las cosas desde ese punto de vista, pues como que no te quedan muchas opciones.

Y vaya que el tiempo vuela. Cuando me di cuenta ya estábamos subiéndonos al tren que nos llevaría hasta la ciudad de Mexicali. O como muchos dicen; era el tren que te llevaba pal' norte del país.

Joselito Ramos nos prestó dinero para comprar los pasajes. Una vez más ahí estaba él para sacarnos del atolladero. Esas son las cosas que no se pagan con dinero. Son las cosas que nunca se olvidan.

Mientras el tren se arrancaba yo me puse a pensar con mucha seriedad. Tenía muchas dudas todavía. No sabía si ésta era la decisión correcta. Pero de alguna forma había que intentarlo. Si pegaba bueno, si no, pues despegado estaba. Con este pensamiento fue que me quedé más tranquilo. Hasta empecé a sentir mariposas en el estómago. Creo que era la emoción de viajar en tren. Nunca antes me había subido a uno.

Ahora que lo pienso bien, no entiendo por qué empezamos el viaje desde Coquimatlán, cerca de Colima. Eso fue rodearle mucho al camino. Bien pudimos habernos subido en la estación de Colima. De todos modos aquí era donde vivíamos nosotros. Pero bueno. Sólo sé que ésta fue idea de Joselito Ramos. Él siempre fue muy ocurrente.

Por otro lado me quedé mirando el movimiento que había en esta estación de trenes. Se veía como una gente bajaba y otra subía. Eran más o menos las 7 de la mañana cuando por fin el tren se arrancó. Lo supe por el estruendo que se oyó y el jalón que se sintió cuando empezó a caminar. Pujando con muchas fuerzas la locomotora empezó a arrastrar esa larga hilera de vagones. Con tanto peso a encima, no le daba para avanzar más aprisa. Así que muy lentamente nos adentramos en las barrancas hondas de Atenquique.

Pasar por esos puentes tan altos a cualquiera le causa váguidos. Me imaginaba que el tren se podía salir de la vía en cualquier momento. O que el peso del tren podía tronar los soportes de los puentes. Una caída desde esas alturas no dejaría ni rastro de nosotros. Que Dios guarde la hora.

Por suerte, mi imaginación dejó de volar cuando empezamos a llegar a Ciudad Guzmán. Después de allí pasamos por enormes llanos que se extendían hasta donde te alcanzaba la vista. Como la zona de las tolvaneras de la La Laguna de San Marcos que lucía toda desierta. No había nada verde allí que pudiera detener tu mirada. Sólo se veían unos remolinos de tierra allá a lo lejos. Aunque unos eran más pequeños que otros, de igual forma se desvanecían con el mismo viento. Ese fue el panorama que nos acompañó hasta llegar a Guadalajara.

Dicho sea de paso, ésta estación de tren si era grande, no como la de Colima. El bullicio era mucho más notorio. La gente subía y subía pero ya nadie se bajaba. Parecía que toda la gente de Guadalajara había decidido viajar el mismo día y pa' el mismo rumbo. Como que no quiere la cosa los vagones se empezaron a llenar de más. Ya no pude brincar de un asiento al otro para ver todos los panoramas del viaje. Los enormes campos de agave de Tequila fueron los últimos paisajes que disfruté a gusto.

De ahí pa' adelante el viaje se hizo añejo. Después de algunas horas de viaje empezamos a sentir ese calor del desierto de Sonora. Aquello era tan sofocante que los niños lloraban desesperados por ese clima tan caliente. Y eso que el aire acondicionado trabajaba a marchas forzadas, pero nunca se dio abasto.

Pa' acabarla de amolar, no podía uno ni caminar para desentumirse un poco. Los que no alcanzaron asiento se sentaron en el piso para estorbarnos a todos los demás. Aunque después me dio pesar porque se tuvieron que calar esa gotera del aire acondicionado todo el camino. Al final del viaje terminaron con el trasero todo enlodado.

Cuando la situación se volvió insoportable, caminé hasta el último vagón del tren. Salí a la cubierta disque buscando un poco de aire fresco. Pero me encontré con un chiflón de aire caliente que me frenó en seco. Eso me hizo dar un paso atrás pa' recuperar la respiración que se me había ido de golpe.

Con eso mi di cuenta que estábamos pasando por el mero desierto. De haber imaginado lo que iba a pasar, no hubiera asomado ni las narices. Pero las incomodidades no pararon aquí. Las tuvimos que aguantar dos días y dos noches completos. Para estas alturas el viaje ya no era de aventura. Era de pura supervivencia. Ahora sí me andaba por llegar a Mexicali.

Aunque te diré que aquí el clima no desentonaba nadita. Seguía igual de caliente, o puede que hasta más. Pero por lo menos ya no estábamos todos apretados en ese vagón del tren. Joselito Ramos se quedó aquí en Mexicali para visitar sus familiares. Nosotros nos seguimos de largo hasta Tijuana. Por ahí nos iban a pasar pa' el otro lado[17].

En la terminal de autobuses nos sentamos a planear cómo le íbamos a hacer para brincar el cerco.

—Si nos agarran adentro, ustedes nomás dicen que les estamos dando un aventón. No digan que nos conocen y mucho menos digan nuestros nombres–. Eso nos decían Chaquiro y mi cuñado Seve.

Yo siempre escuchaba historias de gente que se había pasado de ilegales pa' los Estados Unidos. Decían que caminaban días enteros por el monte. Que a veces no probaban bocado alguno en su recorrido. Otros decían que la migra[18] les daba sus buenas correteadas y que hasta

---
17 USA (United States of America)
18 Agentes de aduana de los Estados Unidos.

los llegaban a golpear. Quieras o no eso me empezó a preocupar y me prepararé pa' lo peor.

Me memoricé el número de teléfono de un familiar por si nos perdíamos en el intento de cruzar. Dimos a guardar los documentos personales y la ropa. Me fajé bien mi camisa. No sé para qué, pero pensé que era bueno hacerlo.

Por último me amarré bien apretados esos inseparables tenis blancos que tantas veces remendé allá en Colima. No quería que se me salieran cuando empezara la correteadera en esa línea divisoria. Ahí mismo mi mamá me dio la bendición y nos subimos al carro del coyote. Nos llevó hasta las afueras de Tijuana en donde estaba el alambre trozado y por donde no había vigilancia.

–Siéntense en el piso y no hagan ruido –dijo el coyote–. Cuando yo les chifle se meten por debajo del cerco y corren pa' adentro–.

Aún era de día cuando llegamos a ese lugar. Por la altura del sol parecía que eran como las cuatro de la tarde. Nos pusimos a esperar tal como nos dijo el fulano que lo hiciéramos. En todo aquel lugar no se miraba ningún movimiento. Estaba muy solo. Solamente podías escuchar el aire que soplaba suavemente entre la hierba seca del paraje. Allá en lo más alto de las nubes podías avistar un par de cuervos dando vueltas. Uno seguía al otro. Ve tú a saber que cuento se traían.

Mientras la espera seguía, yo me secaba el sudor que me chorreaba por la cara. Era una tarde muy acalorada. De esas que sabe haber en pleno verano. Era un 4 de Julio para ser más exacto. Desde un principio nos dijeron que el día de los cohetes[19] era un muy buen día para pasar pa' el otro lado. Eso mero nos dijeron. —Ojalá sea cierto –pensé yo.

---

19 Día de la Independencia de los Estados Unidos.

Como a los 20 minutos escuchamos el chiflido de la persona.

—¡Ahora, corran! –gritó el coyote.

Nos fuimos agachados bien pegados al cerco de alambre.

A lo lejos miramos ese carro rojo que estábamos esperando desde ya rato. Venía levantando polvo por todos lados. Al llegar abrieron las puertas para que entráramos y se arrancaron con mucha prisa. Apenas nos estábamos acomodando cuando escuché de nuevo la voz de mi cuñado.

—Acuérdense, ustedes no nos conocen –.

Luego se concentraron en la manejada. Entre los dos miraban pa' todos lados por si veían la migra venir. Así fue por un buen tramo hasta que uno de ellos dijo:

—Parece que ya la hicimos.

—Sí, pero todavía falta la revisión de San Clemente – contestó el otro.

Hasta cierto punto yo estaba decepcionado. Las cosas que podían ocurrir mientras brincaba la barda americana, nunca pasaron. Pero también hay que reconocer que eso era bueno. Pa' que tentar la suerte. Así que en lo que llegábamos a esa revisión tan mentada, yo me dediqué a mirar por la ventana del carro. Veía miles de carros bonitos y limpios.

Las carreteras eran anchas con jardines en medio y a los lados. Por lo menos eso creía yo. Los enormes edificios de cristal parecían sacados de un cuento. La verdad es que nunca me había imaginado cómo podían ser los Estados Unidos. Pues para qué, si de todos modos nunca estuvo en mis planes el andar por estos rumbos. Pero por mientras ahí estaba todo eso para que mis ojos lo miraran por primera vez.

—Chin –dijo Chaquiro–. Sí está puesta la revisión–.

—Y están revisando a todos los carros —dijo mi cuñado. Luego volteó y nos dijo lo mismo de antes. Que por nada del mundo dijéramos nada.

Aquí fue donde mi madre sacó su rosario y empezó a rezar en voz alta. Nerviosa se frotaba las manos pero me decía que no me preocupara. Que todo iba a salir bien. Pasaba un carro, lo revisaban y se iba. Luego seguía otro y hacían lo mismo que el anterior. Así estuvimos un buen rato. Hasta que pasó lo que tenía que pasar.

Faltaban dos carros para revisarnos cuando los uniformados de verde abrieron el paso. Eso nunca lo esperaba y estoy seguro que tampoco pasa muy seguido. Es como cuando te agarra un viento cruzado. No sabes cómo reaccionar ni que pensar. Parecía que todo estaba pasando en cámara lenta delante de mis ojos. Así como en las películas. Como quiera que sea. Si los güeros[20] nos dejaron pasar así de fácil, quienes éramos nosotros pa' quitarles la buena intención.

---

20 Agentes de aduana de los Estados Unidos de América.

6
LONDON, CA (USA)

Así que de ahí no paramos hasta llegar a London, cerca de Dinuba en California. En este lugar vivía mi hermana Rafaela. También aquí es donde había mucho trabajo de agricultura, por eso es que llegamos a este sitio, a pizcar la ciruela y el durazno. Pero vaya comienzo tan accidentado el que tuve en mi primer día de trabajo en este país. Con el afán de alcanzar la fruta más alta del árbol, intenté acomodar la escalera que me asignaron, pero quedó mal puesta.

Ahí tienes que me vengo abajo jalando hojas y ramas, hasta quedar orqueteado en un árbol de ciruela. Me quise quejar por el golpe recibido en mi partes nobles, pero de mi boca salió un hilito de voz, que más bien pareció un suspiro largo.

Y todavía no terminaba el día cuando sin querer metí la pata. Más bien dicho, mi pie se quedó atascado cuando la llanta del tractor le pasó por encima. Eso pasaba si no te ponías trucha cuando vaciabas tu bolsa de frutas. Había que descargar esa bolsa mientras el tractor seguía en movimiento. Eso para no perder tiempo. Lo bueno es que de esto nadie se enteró. A nadie se lo conté por miedo a que me corrieran en mi primer día de trabajo. Imagínate. Qué vergüenza me hubiera dado. Y con lo penoso que soy yo para estas cosas.

El trabajo de campo en este valle era duro. En época de calor sientes que te desvaneces. Pero a mi mantenía en pie el sueño de terminar mi carrera en Colima. En tres meses. Ese fue el plazo que me puse para juntar el dinero y regresar. Sólo que se presentaron otros compromisos de más importancia. Había que pagarle a Joselito Ramos el dinero que nos prestó, junto con lo que ya le debíamos de la renta atrasada.

No era tanto, pero ya estaba bueno de deberle dinero todo el tiempo. No sabes el gusto que me dio haber saldado esa cuenta. Fue justo antes de que Joselito Ramos se nos adelantara en el camino al cielo. El murió al poco tiempo allá en Colima. Estoy seguro que mucha gente todavía está lamentando esa pérdida. Por lo menos mi familia y yo le debemos un eterno agradecimiento.

Luego, no contaba con que los trabajos de campo eran por temporadas en esta área. Podías trabajar unas semanas, pero luego había que buscarle por otros lados. A veces te quedabas sin laborar por un buen tiempo. La cosa empeoraba un poquito más si no tenías tus papeles en regla para trabajar. Con esto entendí que lo que mucha gente decía era cierto. Que al norte no venías a barrer los dólares con una escoba. Para tener algo de dinerito, era cuestión de tiempo. Primero había que pasar por muchas dificultades. El fruto de tu trabajo vendría ya mucho después.

Solamente te quiero atestiguar que así merito es esto. No es muy fácil acomodarse en un trabajo cuando apenas llegas de otro lado.

Y entre que trabajaba unos días y otros no, mi plazo de los tres meses se llegó. De sobra esta decir que no hubo dinero para regresarme como lo había pensado. Cuando las cosas no te salen como lo planeas casi siempre te desanimas. Estoy seguro de que eso les pasa a muchos. Pero me prometí a mí mismo que esta vez no sería así. Algo se me iba a ocurrir más adelantito. Yo sabía que los planes no siempre salen a la primera. Pero para lograr lo que quieres en la vida, tienes que ser bien terco. Eso apenas lo estaba aprendiendo yo.

Además, yo no vine a este país a vacacionar. Vine a trabajar. Así que había que seguir el trabajo hasta donde estuviera. Cuando el trabajo se escaseaba en California, toda la gente se arrancaba pa' el estado de Washington a pizcar la manzana. Hasta acá vine a parar también yo. Sólo que algunos trabajadores se fueron a vivir a campamentos agrícolas. Otros más se quedaron debajo de los puentes y entre los árboles. Ya estaban acostumbrados a esas rutinas. Lo hacían todos los años en las temporadas de manzana.

Yo por otro lado corrí con mejor suerte que ellos. Me quedé a vivir por un tiempo con mi hermano Luis aquí en Yakima. Juntos brincábamos de rancho en rancho buscando ese trabajo tan escurridizo. La historia aquí también era la misma. Nada más trabajabas por ratos.

7
EUGENE, OR (USA)

—¡Primo! –escuché que me decían–. A usted lo andaba buscando–. Me dijeron que usted tiene muchas ganas de estudiar. Que le echa muchas ganas a la escuela y yo tengo ganas de ayudarlo. Además, fíjese que ya estamos casi en octubre. De aquí hasta enero no hay trabajo más que en la poda de árboles. El invierno se pone muy frío por estos rumbos y no hay nada más que hacer. Así que por mientras tengo un plan pa' usted.

Él era mi primo Lorenzo. Tenía mucho tiempo viviendo en Los Estados Unidos. Yo casi ni lo recordaba porque él se vino cuando yo era muy chico. Me contó que ahora era Ingeniero. Que le costó mucho trabajo lograr esa meta, pero que el esfuerzo valió la pena. Ahora tenía un trabajo seguro y bien pagado. Por eso mismo es que él quería ayudarme. Y yo me dejé ayudar porque para eso vine a Los Estados Unidos, a buscar formas de mejorar mi vida.

Mi madre se quedó con mi hermano Luis en Yakima, mientras nosotros hicimos maletas para viajar al otro día.

—No se olvide de la caja de manzanas, primo. –me dijo él.

—Con esa va hacer muchos amigos allá donde vamos–.

Nuestro recorrido fue más o menos como de 16 horas en autobús. Era la media noche cuando llegamos a Eugene, en el estado de Oregon. Recorrimos gran parte la ciudad buscando un hotel para quedarnos a descansar, pero nada. Y en esa búsqueda nos dieron las cuatro de la mañana. Según los hoteleros no había cuartos disponibles. Mira qué casualidad.

La madrugada era fría y estaba lloviendo un poco. Mis pies ya estaban congelados junto con mis manos. Las orejas ya ni las sentía. Y con todo y lo que pesaba esa caja de manzana, nunca la soltamos en todo el recorrido que hicimos. La paseamos toda la noche. Nada más que todo tiene un límite. Al último la terminamos dejando en la mera calle. Que al cabo ya encontraría otra forma de hacer amigos después.

Por ahora nomás había que esperar a que amaneciera. Como la espera iba pa' largo, nos metimos a un restaurante para tomarnos un café caliente. Solamente así nos dejó de molestar ese canijo frío de la madrugada. Y nos quedamos adentro de ese lugar hasta que terminó de amanecer.

A las meras ocho en punto de la mañana entramos en sesión. Nos dieron la bienvenida a todos los nuevos estudiantes que estábamos reunidos en ese cuarto. Veníamos de distintas partes de Estados Unidos a lo mismo; a estudiar la preparatoria abierta. Aquí le llamaban el GED. También dicen que es el equivalente al diploma de High School (preparatoria) de este país.

Como era un programa de tres meses no podías desperdiciar tu tiempo en cosas que no valían la pena. Eso mero nos dijeron los encargados del programa HEP[21]. Yo

---

[21] Programa que prepara y otorga los certificados de preparatoria abierta dentro de los Estados Unidos.

habría los ojos lo más que podía para verle la cara a todos los que estaban ahí presentes. Pero miraba medio borroso. Sentía los ojos todos agarrosos por la desvelada de anoche.

—Lo dejo en buenas manos –dijo mi primo y se fue– No volví a saber de él hasta un poco más adelante. Aquí La Universidad de Oregon era enorme. De repente me vi rodeado de puros estudiantes gabachos que no se parecían en nada a mí. Pa' comenzar el color de su piel era diferente al mío. Luego cuando hablaban les salían unas borucas de la boca que yo no podía entender. Por las dudas yo a todo les decía "yes", "yes".

Si con eso no me los quitaba de encima entonces les decía: "Yo no spike inglis." A ellos les causaba risa pero yo nunca le encontré la gracia. Esto del idioma sí que era un asunto serio. Por eso los profesores nos dijeron lo importante que era el aprender Inglés en este país.

Nada más que eso yo lo miraba en chino, no importa desde que punto lo viera. Pero estos maestros si nos tenían mucha fe. Por lo menos eso parecía. Siempre nos daban mucho ánimo y nos decían que teníamos que tener paciencia. Y como se miraban las cosas íbamos a necesitar mucha. Si no de que otra forma le haces para aguantar todo lo que se te puede venir encima en una tierra que no es la tuya.

Como esa nostalgia que de repente me entró cuando empecé a extrañar a mi familia de México. También eché de menos a mis amigos y los compañeros de estudio. Esta fue la única vez que me pasó por la mente el abandonar mi sueño. Y eso porque parecía que mis ilusiones de estudiar se querían escurrir como el agua. A mis 18 años me hubiera gustado escuchar por primera vez las palabras sabias de alguien. Algo así como "Tú puedes o nó te rindas." Eso hubiera sido un buen consejo. Pero eso no se puede cuando estás tan lejos de tus seres queridos.

Para mí era difícil decidir qué hacer. Si me quedaba, había que empezar los estudios desde abajo en este país. Si me regresaba, podía malograr ese sueño que me trajo hasta acá desde un principio. Porque tú sabes que en México se ocupa dinero para todo. Más para terminar una carrera. Pero dinero era lo que menos tenía ahorita. Aunque ese asunto ya no era nuevo conmigo.

El caso es que nunca me había llegado tanta preocupación como ahora. Debe ser porque descubrí que ya me estaba poniendo adulto. Que tenía que encaminar bien mi vida. Si no lo hacía yo, pues entonces ¿quién? Acuérdate que desde los 13 años ando buscando cambiar mi suerte. Encima de eso, también tenía que cuidar de madre. Sobre todo desde que mi padre faltó. Eso es una responsabilidad que se hereda cuando eres el más chico de una familia.

Con tantas cosas en mi cabeza, era visto que mis pensamientos ocupaban un reacomodo urgente. Por eso me arrimé a la ventana; para ver caer la lluvia. Era una lluvia muy finita que te adormecía porque no terminaba de caer. Y así podía durar días enteros. Como aquí ya era invierno, el frío se sentía fuerte. Por eso todo mundo andaba abrigado, para protegerse de este clima tan enfadoso. Falta mencionar que aquí los días eran nublados y grises. Eso hacía que mi mirada se clavara como flecha en cualquier lado. Esta vez fue en el edificio de enfrente. Donde un grupo de chicas tenían su fiesta y tomaban cerveza.

Como vez, también en este país hay algunos jóvenes que no valoran sus estudios, no nada más en México.

Cuando una de las chicas sintió mi mirada, levantó su mano y me mostró el dedo de en medio. No estoy muy seguro, pero creo que eso no fue un saludo. De cualquier forma ese gesto me volvió a mi cruda realidad. Yo estaba en este lugar para una sola cosa. Así que agarré mis libros y empecé a estudiar con más ganas. Qué bueno que le hice así, porque pude cursar la preparatoria sin ninguna complicación.

Ahora seguía la universidad y yo estaba listo para el nuevo reto. Bueno, es un decir. Nuestros profesores aquí nos llenaron de mucho ánimo y confianza. Pero se les pasó mencionar algunos detalles. Como el que todas las clases en la universidad eran en inglés. Eso yo de dónde lo sacaba ahorita. Luego de que si no tienes papeles de residente legal, te toca pagar los estudios como si fueras un estudiante extranjero. O sea, tocaba pagar tres veces más de lo que un estudiante regular pagaría. Y como dice el dicho: ¿"Con qué ojos divino tuerto"?

Pero espérate porque eso no es todo. Sin papeles no puedes agarrar becas para pagar las clases. Eso me lo dijeron bien clarito En La Universidad Estatal de Corvallis en Oregon. Los del programa CAMP[22] de este plantel me lo dijeron en mi mera cara. Y me lo recalcaron como pa' que no me quedara ninguna duda. Pero éstas sí eran ganas de jorobarle las ilusiones a uno. Porque hasta para dar malas noticias deberían haber formas.

Pero si las cosas están así de claritas no te queda más que darte la vuelta en un solo pie. Aquí bien quedaba ese dicho de: "Se regresó a su casa como perro con la cola entre las patas." Así me sentía yo.

---

22 Programa de asistencia académica superior, para jóvenes migrantes campesinos.

Ese sentir lo tengo tan presente que hasta lo saqué a ventear acá arriba de este árbol, donde el frío no solo congelaba mis pies y mis manos, si no también ahora congelaba mis pensamientos.

Mi primo Lorenzo tenía razón. Aquí si sabía hacer frío. Pero si me bajaba del árbol la cosa podría empeorar. Con la nieve adentro de mis zapatos se me podía congelar hasta el alma. No entiendo porque nadie me dijo que había botas de nieve para estos trabajos tan extremosos. Podar árboles bajo estas temperaturas en Yakima no era cualquier cosa. Eran ocho horas diarias en estos menesteres. Y eso no cualquiera las aguanta.

Pero no me iba a quejar. Tampoco le quería dar pie a esa frase de "Querías norte, ahora te friegas". Esas palabras les salían bien natural a los que tienen mucho tiempo viviendo en Estados Unidos. Se les veía en la cara como lo disfrutaban cuando te lo decían, ni siquiera lo hacían de mala fe. Era nomás para reírse de ti.

8
DILLINGHAM, ALASKA (USA)

Y como ya andaba dando brincos de un lado para otro buscando trabajo, me fui hasta Alaska. Le seguí la corriente a mi primo Lorenzo que acá trabajaba como soldador en los barcos pesqueros. Él ya conocía estos terrenos tan lejanos. En cambio para mí todo era nuevo. Hasta pienso que llegué aquí con la suerte volteada. Pa' empezar fui el último que recogieron en el aeropuerto los de la compañía de pesca. Eso me puso nervioso.

Al punto que me senté a esperar y miraba pa' todos lados. Así no era como yo me imaginaba Alaska. No había nieve por ningún lado. Debe ser porque era tiempo de verano. Tampoco se miraban esos osos que luego se miran en la televisión. Aunque puede que estuvieran escondidos detrás de los árboles. Pero no puede ser porque mis ojos nomás divisaban puros arbustos enanos. Y más allá, entre esos terrenos pantanosos solamente se miraba agua por todos lados.

Estábamos en la isla de Dillinham, Alaska. Una isla que vivía más que nada de la pesca. Esta era la única forma de vida de los indígenas de la región. Yo tiraba manotazos pa' todos lados tratando de espantar esos enormes mosquitos, que más bien parecían aviones. Eran tan grandes que te daban escalofríos nomás de pensar en que te pudieran picar. Lanzaba un manotazo pa' arriba y otro pa' abajo mientras seguía esperando.

Nomás faltaba que se les hubiera olvidado venir por mí. Eso si hubiera estado chistoso. Pero no fue así. ¡Que bueno! Pa' cuando yo llegué al campamento, ya todos estaban acomodados. Había hasta 8 gentes en cada cuarto. Cientos de personas venían cada año a trabajar en la temporada de salmón. Esta vez me tocó a mí también.

—Apaguen las luces –nos dijo el guardia–. Es tiempo de dormir –.

Por más que lo intenté, nunca pude pegar las pestañas. Me revolcaba como gusano en la cama y nada. Afuera seguía clarito como si fuera de día. Aquí solo se obscurece un par de horas en el verano. Ocurre por ahí entre la 1 y 2 de la mañana. Esto yo no lo había visto nunca. Así que tapamos las ventanas con cobijas para obscurecer el cuarto. Solo así pudimos pegar los ojos.

Aunque solo fue por un rato ya que nos levantaron a desayunar a las 5 de la mañana.

—¿Me puedes pasar el salero? –le dije al compañero que estaba al lado. Me miró con desprecio y luego me ignoró.

Pensé que tal vez no me había escuchado y le insistí.

—¿Me podrías dar la sal por favor?

Esta vez su semblante cambió y se puso negro de coraje. Pelaba unos ojos grandes llenos de rencor. Se me acercó y casi me escupía la cara cuando hablaba. La sarta de insultos que me soltó, nunca la entendí, pero el asunto parecía bastante serio.

Lo que dije no era para ofender a nadie. ¿O sí? La reacción de ese fulano llamó la atención de todos los que estaban en el comedor. Yo me levanté y todo apenado me fui, sin terminar mi desayuno. No era bueno empezar un nuevo trabajo con muinas [23]. Además, con el coraje que hice, no me fuera hacer mala digestión ese desayuno.

Alguien me explicó después que el ofendido era un filipino. A ellos les daba mucha tirria que uno los confunda con gente como yo. Hasta los tenían en casas separadas para que no hubiera encontronazos con los mexicanos. Pero si tienen el mismo color de piel que nosotros y se llama "Juan Pérez", como nosotros. ¿Cómo carambas iba yo a saber que ellos no hablaban español? Estos si me salieron muy delicados.

Y si los filipinos eran de mecha corta, los esquimales no se quedaban atrás. En una salida que di a una cantina se me amontonaron los muy bribones. Por lo visto aquí en Alaska todo mundo me quería dar lecciones de vida.

Esta vez, el malentendido tenía que ver con las mujeres de estos grupos indígenas. No toleraban que nadie viniera de afuera y alborotaran su gallinero. Estaba claro que esto iba en contra de sus costumbres. Pero también estaba claro que las damas no compartían ese pensar.

En cuanto empezaba la temporada de trabajo, las mujeres se dejaban venir en grupos desde las otras islas cercanas. Querían conocer caras nuevas y platicar con gente diferente. Y de no haber sido por un grupo de mujeres como estas, yo no lo estuviera contando.

Muy a tiempo me quitaron de encima a ese esquimal con aires de karateca. Brincaba y daba unas vueltas en el aire que impresionaban a cualquier cristiano. A cualquiera, menos a mí, porque yo sé que andaba ahogado de borracho. Minutos antes vi cómo se tambaleaba de un

---

[23] Con enojos.

lado para el otro. Empujaba sillas y mesas por donde caminaba. En medio de la pista de baile se doblaba pa' atrás y pa' delante, pero no se caía. Y vaya que los brincos y piruetas que dio el tipo fueron muchos. Parecía gallina descabezada.

El circo que este hombre montó estuvo que ni mandado hacer. En lo que él distrajo a todo mundo, nosotros aprovechamos para salir por la puerta de atrás de ese salón de baile. De ahí las chicas me encaminaron hasta el campamento de trabajo. Pero primero nos aseguramos que los esquimales ofendidos ya no vinieran detrás de nosotros.

Después de este numerito ya nunca volví a salir solo. Me aprendí la lección bien pronto. No les iba a dar el gusto de ponerme una mano encima. Pos estos montoneros abusivos, qué se creen.

Pasaron los primeros días y las cosas aquí en Alaska no terminaban por acomodarse. Estas experiencias nada más me estaban sirviendo para una sola cosa. Para saber cómo defenderme en la vida. Estoy seguro que encontraría otras cosas desagradables más adelante. Por eso empecé a sacar mi carácter rebelde, para no dejarme pisotear de nadie.

El primero que lo notó fue John, ese gringo que venía desde el sur de California, también por primera vez. Él estaba cansado de escuchar la música de Los Tigres Del Norte y nosotros no tolerábamos su música en inglés, que pa' empezar ni siquiera le entendíamos. Era un tormento el aguantar la misma canción de un bando o del otro todo el día. Con pasar 18 horas juntos en ese cuarto de pescado congelado era suficiente.

Puede ser por eso que a John se le hizo costumbre quitar mi música para poner la de él. Pero después de tantas veces a mí me pareció un insulto y una falta de respeto.

Así que le quité su música y puse la mía. Encima le puse candado al aparato pa' que nadie cambiara nada de ahí pa' delante. Esto le molestó tanto a John que me la sentenció pa' la hora de salida. Aunque él estaba más cuadrado que yo, nunca le demostré miedo. No es que no lo tuviera. Pero sirvió porque todo quedó en puras palabras. ¡Gracias a Dios! En caso de pleito, a mí me hubiera tocado bailar con la más fea.

Después de este incidente John y yo nos hicimos buenos amigos. Me reconoció el haber tenido los tamaños para no permitir ese tipo de atropellos. Eso fue bueno porque por fin nos pudimos concentrar en esas pocas, pero largas jornadas de trabajo, que por cierto eran muy agotadoras. Esta compañía pesquera nos contrató por 3 meses. De ese tiempo, nomás laboramos un total de 30 días.

Con tan poquito trabajo las cuentas no nos salían a nadie. Los inconvenientes tenían que ver con una huelga de los barcos pesqueros. Que disque el precio del salmón estaba muy barato. De eso nosotros no teníamos ninguna culpa, pero de todos modos amolaron nuestros planes de ganar y ahorra un poco de dinero.

Tanta desavenencia acá en Alaska terminó por desanimarme. Y con mucha razón porque yo ya no estaba contento. Pero no era por la falta de trabajo. Era porque no estaba conforme con lo que estaba pasando en mi vida en general. Me sentía como que andaba picando chueco. Que las cosas no caminaban. Se puede decir que ya estaba cansado de andar paseando esas ganas de estudiar por todos lados. En algún momento tenía que sentarme a planear mejor las cosas.

9
YAKIMA, WA (USA)

Con esa idea fue que me regresé a Yakima donde empecé a tomar clases de inglés por las noches. Ahora si ya iba en serio. No me importaba el terrible frío del invierno. Tampoco me importaba irme a la escuela en bicicleta y en medio de la nieve. Por lo menos así me aseguraba de llegar con la mente fresca. Eso fue lo que siempre me recomendó mi madre.

Entre una clase y otra seguí trabajando como campesino. ¿Y quién dijo que éste no era un trabajo noble? De allí mero salió mi permiso de trabajo. De la reforma migratoria del 86. Donde se juntaban 90 días de haber laborado en el campo y listo. Eso era lo que se necesitaba para conseguirlo. Esto pa' nada cambiaba el asunto de mis estudios. Pero por lo menos ahora si podía trabajar a gusto, sin sentir que la migra me pisaba los talones a cada rato. Es que cuando andas de ilegal siempre andas con miedo. Te la pasas todo el tiempo con el Jesús en la boca y mirando de reojo. Te asustas hasta de tu propia sombra.

Cuando te quitas de encima una preocupación así de grande hasta te sientes livianito. Te da alientos pa' seguir adelante. Por eso le entré con más ganas al idioma de los norteamericanos. Entraba a las clases de todos los niveles pa' aprender más rápido. Pero era difícil practicarlo porque mis compañeros de clases se reían unos de otros. Eso en vez de ayudar en algo, más bien desanimaba. Le quitaba las ganas de aprender a cualquiera.

Así que decidí volar más alto que ellos. Por eso andaba batallando acá arriba con este instructor de vuelo enojón. Se veía que de plano no me tenía confianza. Por todo me gritaba y me exigía como si me conociera. Aparte, hasta el motor del avión me apagó. No conforme con eso, también me apuraba para encontrar un lugar para aterrizar de emergencia. Pero no había donde. Nomás miraba puros huertos de manzana allá abajo.

Yo sé que esto era parte de las práctica de vuelo, pero pa' que tanto grito. En caída libre y en estas alturas no se podía pensar así de rápido. Por lo menos no como él quería.

Cuando por fin encontré el lugar y apunté la nariz del avión para allá, me gritó otra vez:

—Watch out, power lines! (¡Cuidado, cables de luz!)–.

—Oh pues –le dije yo. ¿Y entonces?

—Turn the engine on and climb– (Enciende el motor y eleva el avión). Now, go around and land–. (Ahora da la vuelta y aterriza).

Preparar el aterrizaje del avión era toda una aventura. Que había que alinear el avión con la pista de aterrizaje. Luego hablar a la torre de control para que te den el permiso de aterrizar. Al mismo tiempo vigilas los instrumentos del avión para la velocidad, altura, nivel, aletas y declive. Y más importante que nada, vigilar todo el cielo. No vaya ser que otro avión más grande aterrice encima de ti. Ya ha pasado, por eso se le veía la cara de ansiedad a mi profesor. Que pa' no fallar, volvió a rezongar.

—Right, right!–. (¡Derecha, derecha!).

Él tenía razón. Decía que yo tenía la mano izquierda muy pesada. Al aterrizar, siempre le cargaba el peso de esa mano al timón del avión. Esto hacía que el avión aterrizara un poquito sesgado para ese lado. Eso era peligroso porque una corriente de aire bien podía voltear el avión en pleno vuelo. Como la cosa era seria, ésta vez me quedé callado. Ya en la pista, él volvió a hablar.

—Sit on your hands and drive with the pedals to taxi. (Siéntate en tus manos y dirígelo con los pedales para estacionarte)–.

—Ok –respondí yo.

Estoy seguro que esta no te la sabías tú, Juventino. El timón del avión solamente funciona en el aire. Pero no en la tierra. Para eso están los pedales. Para dirigir la nave en el suelo.

—Don't turn the engine off yet (Todavía no apagues el motor) – Me dijo. Luego se agachó y escribió algo en sus notas–.

En cuanto terminó de anotar se bajó del avión. Yo puse mi cara de "what" porque no entendía lo que estaba pasando.

—Your turn. Take it up for a few touch and go's (Te toca. Practica el despegue y el aterrizaje) –.

Le iba a renegar pero me cerró la puerta casi en la cara. Así que no le pude decir nada. Cada vez que yo me quejaba de que volar era difícil, él me daba la razón y encima me salía con el mismo cuento:

—¡Claro! –. Si volar fuera fácil todo mundo fuera piloto– me contestaba él. Y eso era verdad. Ni como contradecirlo.

En cuanto entendí lo que estaba pasando, empecé a sudar frío y me quedé paralizado por un par de minutos. Yo no estaba listo para volar solo todavía. A mí se me figura que le caigo tan mal a este tal Mike que de adrede me está mandando así, para que yo quede estampado encima de los árboles de manzana. Que como te dije, aquí había muchos.

Jalé aire con fuerza y cerré los ojos por unos segundos. En mi mente repasé todos los pasos para un despegue y como aterrizar. Me encomendé a Dios y agarré el radio del avión. Con la voz toda temblorosa me comuniqué con la torre de control y les dije:

—Cherokee 78987AR, requesting permission for takeoff. (Cherokee 78987AR pide permiso para el despegue).

Enseguida me respondieron.

—Royer Cherokee 78987AR. You are clear for takeoff on runway 90. (Entendido. Ya puedes despegar en la pista 90). - Pero encima les hice una petición. Más bien parecía un ruego. Que no me quitaran la vista de encima en lo que daba mis vueltas de práctica.

Les aclaré que este era mi primer vuelo solo. Que no es que yo tuviera miedo. Que era más bien pura precaución.

Ellos nomás se rieron y me tranquilizaron:

—Don't worry. We will take care of you. (No te preocupes. Nosotros te cuidaremos) -.

—¡Está bueno! -les respondí. Y aceleré el motor a todo lo que daba. Dejé correr el avión hasta que alcanzó la velocidad de despegue. Jalé el timón y el avión empezó a subir suavemente. Lo primero que ves es como la tierra se pierde debajo las alas del avión. Luego aparece el cielo azul enfrente de tus ojos. De repente todo se vuelve quieto y sientes que flotas como una pluma en el aire.

Entre más subía, todo parecía hacerse más pequeño allá en el suelo. Los carros, los árboles y las casas. La gente no se diga, parecían pequeñas hormigas que caminaban de un lado pa' el otro. De todos los momentos este era el peor para distraerte porque había pasos que seguir. Como anivelar el avión, vigilar la altura, dar la vuelta al aeropuerto y pedir permiso para aterrizar.

—¡Y ahí les voy! –les dije.

Lo más difícil para un piloto no es el despegue, sino el aterrizaje. Por eso apreté bien los dientes y agarré con fuerza el timón del avión. A dos metros del suelo afloje la fuerza de mi mano izquierda. También le quité fuerza al motor y lo dejé caer despacito a la pista. Lo dejé correr unos metros y luego aceleré de nuevo para iniciar otro despegue.

Ya en el aire grité tan fuerte que parecía que se me iba a reventar un pulmón. Pude haber aplaudido también, pero el avión se hubiera ido a pique y eso a mí no me convenía. Pero así de fuerte era la emoción. Sentía que estaba en la cima del mundo y acá me quería quedar por un buen rato. Porque si podía volar una máquina de estas, entonces podría lograr cualquier cosa en la vida.

Es increíble que un instante como estos cambie la forma de ser de alguien para siempre. Yo aquí me sacudí de golpe el miedo de enfrentarme a la vida. De aquí pa' el real nunca me iba arrugar ante nada. De eso estoy seguro. ¿A ti no te ha llegado un momento de estos? Haz un poco de memoria. A lo mejor no te acuerdas ahorita, pero todos tenemos uno. Por mientras déjame seguirte contando.

Aquí lo que importaba es que mi plan para aprender el inglés funcionó. Hasta me permitió volar entre nubes por ratos. Pero no hay que confundir las cosas. Esto no pasó de la noche a la mañana. Pasaron dos años desde que yo entré en esa clase para mecánico de aviación. Aquí el único mexicano era yo. Nadie más hablaba el español y eso era lo que yo quería. No había de otra más que practicar el poco inglés que sabía. Y como era muy limitado nunca pasé un sólo examen en el primer año de escuela. Pero eso no importaba porque yo sabía mi cuento.

Se me viene a la mente esa vez que le escribí una nota al profesor de la clase de aviación. Aun cuando estaba tronando todos los exámenes del semestre, le pregunté que si pensaba que yo tenía madera para ser piloto. Con una sonrisa me miró y levantó el dedo pulgar derecho.

Tomé esa señal como un rotundo sí. Como el dedo pulgar era lo único que le quedaba en cada mano, pues de repente me confundió un poco. Después me escribió una nota para aclarar de que él sí me tenía fe y me animaba a seguirle echando ganas a la escuela.

Y como no le iba echar ganas si verlo trabajar a él era una inspiración. Todo tunco como estaba, volaba aviones, hacía reparaciones de mecánica, manejaba su auto y hacía todas las cosas como si nada. Mucho después nos confió que perdió sus dedos en accidente de trabajo. Qué mala suerte.

Y como te decía, todo inició en ese lugar con mis primeras clases de inglés. Ahí Del era un consejero del Colegio Del Valle De Yakima. El organizó una visita al plantel para dar a conocer las carreras que allí se ofrecían. Para serte honesto, a mí no me invitaron a ese viaje. Pero tampoco me dijeron que no podía ir, así que me escabullí entre el grupo y nos fuimos todos juntos. No me arrepiento nadita porque así es como descubrí el programa de aviación del que te digo, que como ves, sirvió para cambiar mi vida y de qué forma.

Lástima que no puedo decir lo mismo de los otros jóvenes que también fueron a ese paseo. Ellos se quedaron en el mismo lugar, a seguir batallando con el idioma y a seguirse burlando unos de los otros. Aquí me di cuenta que las oportunidades no siempre vienen a ti. Tú tienes que ir a buscarlas donde estén, no importa la distancia ni el tiempo. Y aunque las cosas no siempre salen como quieres, por lo menos tienes que intentarlas una y otra vez.

Es cierto que por falta de dinero me quedé a medias con mi curso de piloto. Pero la experiencia de volar y el idioma nadie me lo quita. Ya habrá forma de pilotear otra vez en el futuro. Tú sabes, las cosas llegan a su tiempo. Pero eso sí, hay que estar listos para cuando las oportunidades lleguen, no las dejes pasar. Por eso procuré de aquí en adelante buscar trabajos donde solamente se hablara inglés. Fue como subir una escalera. Mejoraba el inglés y mejoraban los trabajos. También el estilo de vida se miraba mejor con todos estos cambios.

Si tú te acuerdas, yo fui campesino por mucho tiempo. Ya luego trabajé en bodegas de fruta, lavando carros, de mesero, de seguridad en una arena deportiva y de panadero.

Y no creas que por darle duro al trabajo me olvidé de mi meta principal. No señor. Aproveché todos los cursos gratis que me encontraba en la ciudad. Computación, destrezas de vida, construcción, gramática, lectura y traducciones del inglés al español.

Estas son nomás algunas de las clases que tomé. Luego ayudé en mi iglesia a formar grupos de jóvenes. También empecé a jugar fútbol de manera más regular. Todo esto me dio la experiencia para saber cómo trabajar con las personas de diferentes edades y en diferentes áreas. Así fue como conocí mucha gente que después fue muy importante para mis otros trabajos.

Mi punto de ver las cosas es que había que estar preparado para cuando mi oportunidad llegara. Ya nada más faltaba transformar mi permiso de trabajo en residencia permanente. Tú sabes, por eso de las becas y las ayudas que pudiera uno recibir en los estudios.

Nada más que este trámite si se dilató más de la cuenta. Fueron diez años pa' ser más exacto. De nada sirvieron las cartas de recomendación que les mandé cada año a los de migración. Tampoco les conmovió ni tantito cuando les dije que tenía un sueño que alcanzar; el de mis estudios. Lo que a mí me interesaba es que apuraran el trámite de la dichosa mica. Pero la respuesta siempre fue la misma. Decían que había que esperar. Y con ellos no se juega. Se hace lo que ellos dicen.

Y si ya había esperado todo este tiempo, pues que es otro poquito más. Hasta me di tiempo para comprar mi primera casa, para formar una familia, y para seguir buscando mejores trabajos. Ahora trabajaba de custodio en una escuela preparatoria para jóvenes delincuentes. Al mismo tiempo trabajaba de traductor en clínicas y hospitales. Y para aprovechar bien el tiempo, también trabajaba vendiendo tacos y tortas los fines de semana.

De ahí le siguió mi empleo como educador en el distrito escolar de Yakima. Aquí trabajé para el Programa de Educación Migrante. Ayudaba a las familias campesinas y a sus hijos en todo lo que se podía, pero principalmente en la educación. Este trabajo abrió una nueva brecha para mi carrera. Yo hubiera deseado que este tipo de ayuda me la hubieran ofrecido a mí también en algún momento. De aquí nacieron mis ganas de trabajar con gente que tienen historias parecidas a la mía. Y ni siquiera te he contado las veces que me corrieron de los campos de cultivo. Siempre fue por encarar patrones abusivos y mala paga.

En vez de cambiar sus formas de tratar la gente, se les hacía más fácil maltratarlos y luego correrlos. De pasada aprovechaban para sacarme junto con ellos pa' que no les dijera sus verdades. Ni siquiera me dejaban esperar a la persona que me transportaba al trabajo. Fueron muchos los kilómetros que caminé de regreso a casa cuando eso pasaba. Pero no me pesaba porque me gustaba decirles en su mera cara lo bandido que eran con nuestra gente.

También te quiero platicar de esa vez que me le planté a ese abogado corrupto afuera de su oficina. No me moví de ahí hasta que firmamos el acuerdo que favorecía a mi madre por su accidente en el trabajo. Ella se cayó de una escalera mientras pizcaba peras en un rancho.

Figúrate que este abogado y el doctor pretendían mandar a trabajar a mi madre cuando aún estaba en silla de ruedas. Tenía la espalda rota en tres pedazos y no le daban esperanzas de volver a caminar. Y eso que el abogado y el doctor debían de estar de nuestro lado. Qué tal si no lo hubieran estado.

Eso nomás pa' que te des una idea de cómo se manejan las cosas en contra de nuestra gente campesina en algunas partes de los Estados Unidos. Solamente cuando trabajas hombro a hombro con ellos es que puedes encarar estas injusticias y defenderlos.

Esta fue la razón principal por la que me dieron este trabajo en el área de educación. Por eso y porque ahora conocía la comunidad de Yakima y sus necesidades. De algo sirvió vivir tanto tiempo en una misma ciudad.

Pero regresando al tema, yo ya sé que el destino tiene su forma de trabajar. Hasta parece que hace las cosas adrede para que te quede claro quién manda. Que las cosas no pasan cuando uno quiere, sino cuando tienen que pasar. Ni más ni menos.

Si no, cómo me explicas que de la noche a la mañana me dieron la buena noticia; la que esperé por más de 10 años con tanta ansia. De que me podía hacer ciudadano americano cuando yo quisiera. Pero eso sí, primero me hicieron llenar la aplicación otra vez. Luego pagué todo el trámite de nuevo. Y para hacerme sentir más mal, me dijeron que pude haber recibido mi residencia desde hacía 5 años atrás. Eso sí calienta la sangre y también da coraje.

En ese momento no sabía si brincar de alegría o de mentarles la madre. Bien pude haber empezado mi carrera cinco años atrás. Pero no fue así. Todo gracias a la imprudencia de estos benditos oficiales. A mí no me gusta levantarle falsos a nadie. Pero estoy seguro que ellos extraviaron mis papeles desde un principio.

Como nunca admitieron ese error, se la sacaron haciéndome llenar todo el papeleo de nuevo. Pero yo no era rencoroso, mucho menos tonto. No estaba como pa' ponerme a discutir con ellos en esos momentos. Todavía podían ponerse roñosos y quitarme la mica ahí mismo.

No te creas, con el tiempo uno aprende a ser prudente. Así que de mi ceremonia de ciudadanía me fui derechito a inscribirme al Colegio Comunitario de Yakima. Este era el primer paso. Y si ya lo sabía entonces pa' que perder más el tiempo. Ahora era cosa nomás de acomodar los horarios de mis dos trabajos y el de mis clases. También era tiempo de hablar con mi familia.

Acuérdate que ya tenía tres hijas para estas alturas. A Joanna, a Grecia y a Nancy. Ellas se convirtieron en mi motivación principal para terminar mi carrera. Darles un beso por la mañana y otro por la tarde, era la cura para mi cansancio de todos los días.

Mi sacrificio más grande no fueron mis clases de universidad ni mis dos trabajos; fue el tiempo que les quedé a deber a ellas mientras estudiaba. Si te fijas bien, ¿Eso cómo lo repones? Y más peor, ¿Cómo les explicas que no puedes jugar con ellas porque tienes que cumplir con las tareas?

Muchas veces les cerré la puerta de mi habitación para terminar mis trabajos de escuela. En los parques las miraba jugar desde lejos porque yo estaba clavado con mis libros. Más de una vez me levanté corriendo para ayudar a Nancy. De repente se quedaba colgando en los juegos del parque. Malamente, no siempre estaba cerca de ellas para evitarles contratiempos como esos. Eso de hacer tantas cosas al mismo tiempo a mí no se me daba.

Debe ser por eso que esta situación si me caló muy hondo. Al punto que las lágrimas se me rodaban por la cara sin poder pararlas. Y mira que intenté bien duro que no se me saliera ninguna.

Con coraje me sacudía la idea de abandonar lo que ya estaba empezado y aventajado, pero mi mente seguía jalando los recuerdos de mi pobre infancia. Esos de cuando vivía en el rancho La Abuela con mis padres y mis hermanos. Las carencias que viví con ellos no las iba a repetir con mis hijas.

Me quedaba claro que no les podría dar riquezas, pero por lo menos no les faltaría lo necesario. También entendía que sacrificar mi familia por una carrera pudiera traerme consecuencias después. Pero eso solo el tiempo lo diría.

Fueron muchas las vueltas que le di al asunto. Pero vine a caer en las mismas. No había más que terminar lo que ya estaba empezado. Por lo menos ahora era emocionante y tenía sentido. Por fin había encontrado una carrera que sí me gustaba y que me llenaba. Yo quería ser Trabajador Social para ayudar a los demás. Para mí esto era el arte de ayudar a otros.

Pero no el de ayudar por ayudar. Era de poner el corazón por delante cada día en mi trabajo. Era para transformar la vida de quienes me encontrara en el camino.

Como te lo comenté hace rato, este gusto por mi profesión lo aprendí como trabajador del Programa Migrante[24]. Que de paso me permitió escalar a otros niveles en mi carrera. Como el de ayudar a estudiantes campesinos a realizar sueños como los míos. El de ser alguien en la vida a través de una educación. Y como no los iba ayudar si ahora estaba donde de verdad se podía.

Yo era parte del Programa CAMP, un programa que existe en algunas universidades de Estados Unidos. El propósito del programa es ayudar a jóvenes campesinos a inscribirse a la universidad. Claro que tienen algunos requisitos, pero está para ayudarlos en su primer año de estudios. Por lo menos así es en Heritage University[25] y en Central Washington University, donde yo trabajé con este programa en Estados Unidos.

Pero mira que chico es el mundo y cómo da vueltas la vida. Si tú te acuerdas fueron los de un programa como este los que me mandaron a casa todo desconsolado y sin esperanzas. Eso fue allá en Corvallis, Oregon, de recién que agarré mi GED[26].

---

24 Programa de ayuda académica para familias campesinas y sus hijos.
25 Universidad central de Washington.
26 Equivalente al Certificado de preparatoria abierta.

A vuelta de casi diez años ya estábamos en igualdad de condiciones con esa gente. Por eso nunca es bueno tratar a otros con indiferencia, porque nunca se sabe en qué momento de la vida te los vas a volver a topar. Qué bueno que yo no me acordaba ni de la cara ni de los nombres de estas personas. Así no había ni a quien guardarle rencor ni a quien reclamarle nada.

Volviendo al tema, si los grados de algunos estudiantes no eran tan altos para ser aceptados en la universidad, con cartas de recomendación les abríamos las puertas con la ayuda del programa CAMP[27].

Qué bien que los que entraron a estudiar de este modo, no nos hicieron quedar mal. Nos demostraron con hechos que tenían las ganas y la inteligencia para estar ahí. Ese buen desempeño abrió camino para otros tantos que venían con bajos promedios, pero con muchas ganas de cumplir sus sueños.

La verdad es que combinar este trabajo con el de Oficial de Seguridad en una correccional de menores, me hacía sentir muy afortunado. Esta era la otra cara de la moneda. Era el lado opuesto de lo que uno quiere para los jóvenes de ahora. Porque en la cárcel nomás ve uno puros sueños truncados. Y a su corta edad eso no se vale. Por eso, también era importante tener presencia en un lugar como estos, para dar un poco de esperanza donde parece que ya no la hay.

Aprendí que si tratas a estos jóvenes con respeto, ellos pueden volver a creer en ellos mismos. En un descuido y hasta pueden cambiar sus vidas para bien. A mí nadie me lo dijo. Yo lo vi con mis propios ojos. Si les insistes con cosas buenas, tarde que temprano les cae el veinte y

---

27 Programa de ayuda para jóvenes migrantes a nivel universitario.

enderezan el camino. Hasta te ganas el respeto de ellos y te protegen en caso de peligro dentro de la misma cárcel. Esto nada más se logra cuando tratas a otros como quieres que te traten a ti. Eso no lo digo yo; todo mundo lo sabe pero les cuesta mucho aplicarlo en sus vidas.

Pues ya te digo Juventino. De esto se trataba mi carrera. De levantarme cada día pensando que podía ayudar a alguien en cualquiera de estos dos lugares. Cinco años entre estos dos trabajos, mi familia y la universidad, pareciera una tarea imposible. Pero no era así. Era cosa de organizarse con el tiempo. Déjame te digo como era la cosa para que luego no me digas que no se puede. Mira, en la Universidad trabajaba por las mañanas mientras que por las tardes atendía mis clases.

En la cárcel juvenil trabajaba los fines de semana, desde la media noche hasta el amanecer. Sábados y domingos los compartía entre mi familia y mis tareas. Todo era cuestión de querer. Porque también me pude haber quedado en la casa rascándome la panza. Pero así no se llega a ningún lado.

Y ahora sí, agárrate Juventino porque viene lo bueno. Ya me aprendí ese cuento de que las cosas en la vida caminan bien nada más por ratos. Pa' que mi historia amarrara le hacía falta más drama. El de la deportación. Sí, esa deportación de la madre de mis hijas que a todos nos volvió locos. Todo porque las cosas no salieron bien cuando metí sus papeles para emigrarla.

Descubrieron que ya había sido deportada tiempo atrás. Como castigo, la deportaron por diez años más. Pero déjame empezar por el principio. Un buen día, le dijeron que se presentara en la oficina de emigración para darle su mica, pero era una trampa. La encerraron una semana mientras la mandaban pa' México.

Todavía se me eriza la piel y se me hace chiquito el corazón por el trago amargo que nos echamos, nomás en esos días que duró ella adentro. Mantener mis trabajos, cuidar a mis hijas y cumplir con mi escuela era una cosa de locos.

Aquí se desencadenó una batalla legal de más de tres años. Primero para que la soltaran de la cárcel, luego para parar la deportación, y por último para apelar el caso alegando la separación de una familia ya establecida dentro de los Estados Unidos. Eso fue lo que le alegué al Congresista del Estado de Washington Doc Hastings cuando lo tuve enfrente. Él había venido a Yakima disque a escuchar los problemas de los ciudadanos y pos allí estaba yo con el mío.

—Y tú que estas donde se pueden cambiar las leyes –le dije: ¿Qué piensas hacer para parar estas deportaciones injustas, que separan y destruyen familias? Se quedó quieto porque le hablé fuerte, pero procurando no pasarme de la raya.

Luego todo el salón de juntas se quedó en silencio porque yo me quede ahí parado esperando la respuesta. Le señalé además a la persona que estaba a punto de ser deportada. Encima le aclaré que la deportación sería en un par de semanas, que no había tiempo que perder.

Cuando el señor Hastings me respondió, se miraba un poco desconcertado. Estoy seguro que él estaba acostumbrado a recibir quejas por escrito, no así de golpe ni en persona. Pensó mucho su respuesta y finalmente atinó a decirme algo; que me prometía llevar el caso al Congreso de la nación para ser revisado. Fue todo lo que dijo y como todo político, se brincó a la siguiente pregunta.

A mí me da la impresión de que todos los políticos del mundo están cortados con la misma tijera. Hablan bonito, con mucha clase y se la llevan en puras promesas. Pero a mí esa promesa y sus palabras adornadas no me servían de nada. Tampoco me pensaba quedar con las manos cruzadas para ver qué pasaba. En la Universidad Heritage, mis compañeros de clase me ayudaron a conseguir cartas de la comunidad, apoyando mi causa. La finalidad era dar a conocer que había muchas otras familias pasando por nuestra misma situación. Solo que ellos tenían miedo hablar del tema y nosotros no.

Después de tantas cartas mandadas, solo una senadora se dignó en contestar. Ella fue María Cantwell, que a través de un represéntate me dijo lo que ya se sabía. Que buscar cambios en las leyes de emigración en esos momentos era difícil. Más concretamente me dijo que parar la deportación de la madre de mis hijas era imposible. Que era el equivalente a crear una ley que la beneficiara nada más a ella y pues que eso no era posible y tampoco iba a ocurrir.

Es muy difícil asimilar una realidad así de cruda. Especialmente si sabes todo el daño que te puede causar una vez que llegue el momento. Por eso no paré de buscar opciones. Pero los abogados que consulté, nomás confirmaron lo que ya me habían dicho, que no había nada que hacer. Solo quedaba concentrarse en la Corte Federal de Apelaciones de Inmigración, donde después de tres años de lucha, no llegamos a ningún lado.

Un dicho dice que "No hay fecha que no se llegue ni plazo que no se cumpla." Y a nosotros esa fecha se nos llegó. Con nada más que hacer, decidí mudar mi familia a México. Eso para evitar el ser perseguidos por la migra. Yo las alcanzaría en cuanto me graduara de la universidad. Solo me faltaban tres años.

De este modo fue que quedamos separados por la distancia. Ni siquiera te tengo que decir como esto nos afectó a mi familia y a mí. Nuestro mundo se derrumbó y las cosas ya nunca fueron igual. Con decirte que solamente los visitaba cada dos meses en Ensenada, Baja California, México. Había que sacar tiempo de donde no lo había para estar con ellas; de entre la universidad y mis dos trabajos. Solo que este trajín no lo resentí nada más yo.

En la Universidad de Heritage, donde yo trabajaba ya no me querían dar más tiempo para visitar a mi familia. Esto lo entiendo muy bien porque ellos no tenían la culpa de mis problemas.

—Tienes que decidir entre el trabajo y la familia – me dijo Beto, Director de la Universidad Heritage–. Es más, tienes una semana para decidir lo que vas hacer –me añadió–.

Cuando él terminó de hablar, acerqué mi silla hasta pegarla con su escritorio. Pues no quería que quedaran dudas en el asunto que él y yo estábamos tratando. Ya a quemarropa, le pude decir con más tranquilidad mi respuesta:

— No ocupo tantos días, Beto.

—Cuando la familia está de por medio, no hay mucho que pensar– le dije yo.

Luego me hice para atrás pa' ver qué me contestaba él. Aunque presiento que ya esperaba esa respuesta porque no hizo ningún gesto. Así como tenía la pierna cruzada nomás me miró a los ojos y me dijo:

—Entonces, déjame ayudarte en lo que se pueda–. Le respondí que una carta de recomendación me serviría de mucho. De todos modos tenía que buscar trabajo en otro lugar.

—Puedes contar con eso –me respondió.

Me dio la mano y me salí de la oficina enseguida. Después puse mis pertenencias en una caja y me fui de ahí acompañado de la mirada curiosa de mis compañeros de trabajo. De seguro Beto les explicaría con detalle lo que allí había pasado. O puede ser que ni les interese saber esa parte de mi vida. Mucha gente apenas puede con sus propios problemas como para pensar en los de otros.

Lo que no se puede discutir es que la vida luego te da tus buenas sacudidas. Es como cuando estás arriba de un árbol y alguien te lo mueve, pa' ver que tan pepenado estás de las ramas. Dependiendo de lo duro del zarandeo, uno decide si se sigue encaramando al árbol aunque se raspe la panza, o si de otro modo se deja caer al suelo y se da por vencido.

En mi caso no hay pero que valga ni tranca que me detenga. Yo iba por todo, porque además, así soy yo. Nada más que las ganas que uno tiene no te borran los malos recuerdos. Por lo menos no así de fácil. Con tanto sacrificio que se hace uno de sus cosas como para que te digan que te tienes que ir así de sopetón. Lo digo por lo de la deportación.

Porque hubo que abaratar esa casa que tanto nos costó arreglar a nuestro gusto. Al mismo tiempo le dijimos adiós a nuestros primeros muebles comprados solo meses atrás. Encima tuvimos que regresar esa camioneta de familia que tanto nos gustaba. Era el primer carro nuevo que habíamos comprado desde que llegamos a este país. ¡Qué contrariedad!

Ahora había que dejar todo eso atrás para empezar de nuevo en otro lugar; en México. Que aunque sea nuestro país, nunca lo vamos a encontrar como un día lo dejamos. Ya pasaron 18 años desde que yo dejé de vivir en él. Para mis hijas sería un mundo nuevo.

No entiendo Juventino. ¿Pero cuál es el empeño de que te pasen tantas cosas al mismo tiempo? Pero cuando te sucede se te junta la frustración y la impotencia. Luego te empiezan a rugir las tripas. Dentro de la panza te dan retorcijones de puro coraje. Se empieza a cocinar un resentimiento allí adentro que si no lo sacas a tiempo te puede reventar. ¿Y es que dónde está la justicia pa' los que trabajan duro? ¿Y pa' los que son honestos y quieren hacer las cosas bien en la vida?

—No lo sé –respondió el señor Ochoa. —Sólo sé que hay situaciones en la vida que te obligan a poner tus sueños en espera. Si los pones en la bolsa de tu camisa, allí van a estar pa' cuando regreses–.

Lo que él me respondió a mí no me convenció nadita. Yo no tenía tiempo para más esperas. Es más, ya estaba bueno de tantos atrasos en mis estudios. Eso fue lo que pensé dentro de mí. Claro que no se lo dije. El señor Ochoa hubiera pensado que yo era un malagradecido. Luego me ofreció un pañuelo pa' que me limpiara las lágrimas. Qué pena que mi profesor me vio llorando de esta forma. A mí siempre me dijeron que los hombres no lloran. Nomás que toda esta bola de problemas por fin me reventaron. Aguantarme ese dolor hubiera sido peor. Por eso es que lloré a moco tendido. Hasta que el sentimiento quedó en un puro sollozo.

Si te pasan todas estas cosas juntas, no queda más que apechugar el dolor y seguir caminando. Pero no hay que olvidar que así como el destino te quita, a veces también te da. En cuanto se enteraron en la Universidad Central de Washington de que yo no tenía empleo, quisieron hablar conmigo. Me ofrecieron el mismo puesto que ya tenía con ellos hacía un par de años atrás; el de ayudar a los estudiantes migrantes a ir a la universidad, yo ya te hablé de eso. Y no nada más me ofrecieron trabajo, también fueron flexibles con mis horas de empleo. ¡Qué alivio!

Así pude seguir visitando a mi familia en México más seguido. Nada más que ahora si me había agarrado la prisa. Tomaba clases extras en la escuela y doblaba turnos de trabajo cuando se podía. Todo con el fin de graduarme a tiempo. Aunque el cansancio era inevitable, a mí no me importaba. Solo quería reunirme con mi familia la más pronto posible. No miraba la hora de estar con ellas.

Debe ser por eso que con palabras no se puede describir lo que ahora estaba sintiendo aquí arriba. Pero esta vez no estaba arriba del árbol trabajando en la poda. Ni tampoco estaba arriba del avión practicando mis horas de vuelo. Ahora estaba en la tarima de los graduados de la Universidad de Heritage. Primero sentí el fuerte abrazo de la Decano de la Universidad. Ella conocía muy bien mi historia y las dificultades familiares que yo estaba pasando. Me reconoció mi gran esfuerzo y la dedicación a mi meta.

Luego siguió el saludo y la felicitación de trámite de los demás profesores. Por último me dieron ese papel, el que dice que te has graduado y que ahora tienes una carrera. Lo levanté lo más alto que pude. Con una sonrisa de oreja a oreja se lo mostré a mi madre, a Joanna y a Grecia. Ellas estaban entre toda esa gente que vino a vernos graduar. Nancy no pudo hacer el viaje.

La emoción que sentía era como esa primera vez que volé solo en el avión. Parecía también que no pisaba el piso, como en ese mal día cuando me dieron la noticia de la muerte de mi padre. También se me figuraba que me pasaban una película de mi vida donde todo pasaba muy aprisa.

Miraba cada paso del camino que recorrí, desde que salí de mi rancho La Abuela hasta cuando llegué al pueblo de Aquila. Mostró además lo que pasé en la ciudad de Colima y lo que fue mi entrada a los Estados Unidos de América.

Yo te dije que un día nos íbamos a reír de todas esas dificultades que yo pasé. Es más, yo ya saqué mis cuentas y si los números no me fallan hoy se cumplen 23 años de que yo comencé a perseguir ese sueño. Hasta hora se me cumplió. Por eso te digo que hoy es ese día. Como el tiempo ya pasó, ya no me duelen las carencias que viví en el comienzo de mi aventura. Ya ni me acuerdo de esas veces que pasé hambre, ni tampoco de las cosas que pasé cuando recién llegué al país americano.

Lo que sí importa es que este papel ya lo traigo bien pepenado. En un descuido y hasta me lo amarro a la cintura. No vaya ser que venga un viento huracanado y me lo vuele de las manos. Es que en esta vida ya no se sabe ni qué viene enseguida. Luego te da cada sorpresa.

Y déjame te digo algo más. Yo no podré entender muchas cosas porque soy de rancho. Tampoco sé que va a pasar con mi vida más adelante. Lo único que sé es que hubo un antes de llegar hasta aquí y ahora le sigue un después. Como dice una persona que quiero mucho, "Lo mejor está por venir." De eso yo tengo fe. Acuérdate Juventino, la fe siempre te sirve de mucho, eso te lo dije desde un principio.

De no ser por la fe que yo tenía, no hubiera llegado nunca hasta aquí. Es bonito respirar hondo y sentir que ahora el viento sopla de este lado. Que los ventarrones se desviaron pa' otro rumbo y ojala allá se queden por un buen rato.

Pero míralo bien Juventino. Si es nada más un simple papel partido por la mitad. Dime tú si no es una exageración pasar por tantos apuros nomas por esto. De no ser por esas letras tan adornadas que le pusieron. ¿Si las alcanzas a ver? Bueno, de todos modos da igual porque esto está en inglés. Déjame que yo te lo lea que pa' eso fui a la escuela. Aunque no parezca, pero si fui.

Entonces, aquí dice: Universidad Heritage de Toppenish, Washington. Sábado 14 de Mayo del 2005. Este documento acredita como Trabajador Social al señor Trino Z. Sandoval. Ese soy yo, tu servidor. Aquí lo dice bien clarito y con letras grandes. No está mal. Me gusta como se ve. Pero hubiera quedado mejor si mi nombre lo hubieran puesto más grande y un poquito más a la derecha, que al cabo sobraba espacio. Quiere decir que si yo estuviera en México, yo sería un licenciado en Servicios Sociales o algo así. Pero no se te ocurra decirme licenciado porque siento que esa palabrita me raspa las tripas.

¿En qué piensas Juventino? Te quedaste muy serio de repente. Dispensa que no he parado de hablar desde que comencé. Ni siquiera te he dejado decir palabra.

Hasta debes pensar que soy un desconsiderado, porque el único que esta dale y dale con la plática soy yo.

Lo que pasa es que uno se emociona con estas cosas y no siempre tiene uno con quien desahogarse.

Además, tú eres mi mejor amigo. Por eso te has tenido que calar todo este rollo mío. Pero ahora sí es tu turno.

Me gustaría que me dijeras que vas a hacer si la vida te comienza a apretar las tuercas. O mejor dime, ¿Pa' donde jalarías si la noche se te viene encima, Juventino?

Dedicatoria

Para Dios, mi eterno agradecimiento por cuidar y guiar mis pasos toda la vida; por permitirme vivir las experiencias que definen quien hoy soy. Porque me dio un espíritu de lucha desde antes de nacer. Porque me enseñó que nuestra fortaleza está en la fe.

A Joanna, Grecia, Nancy y Dante; por ser la razón para levantarme cada mañana intentando ser un mejor padre.

A mi esposa, por inspirarme a ser una mejor persona cada día inspirado en la fe.

A mi madre, por ser un ejemplo de fortaleza en las grandes tempestades.

A mi hermano José, quien hoy descansa en paz.

A mi sobrino Miguel Ángel, que dio la vida buscando la paz de México.

No te pierdas la segunda parte de este libro; El regreso del colibrí.

Cuando la noche se nos viene encima
se terminó de imprimir en junio de 2015
en los Talleres Gráficos de Ediciones ILCSA S.A. de C.V.,
Calzada Tecnológico 909, Otay Universidad,
Tijuana, Baja California, México.
edicionesilcsa@hotmail.com
Tel: (664) 607—1992

www.ingramcontent.com/pod-product-compliance
Lightning Source LLC
Chambersburg PA
CBHW061451040426
42450CB00007B/1311